# KABBALAH

## Reconocer, dominar y utilizar las leyes más íntimas del universo

YOSSEF TOUVAL

# KABBALAH

## Reconocer, dominar y utilizar las leyes más íntimas del universo

*Con la colaboración de Haidrun Schäfer*

EDICIONES OBELISCO

Si este libro le ha interesado y desea que le mantengamos informado
de nuestras publicaciones, escríbanos indicándonos qué temas son de su interés
(Astrología, Autoayuda, Ciencias Ocultas, Artes Marciales, Naturismo,
Espiritualidad, Tradición...) y gustosamente le complaceremos.

Puede consultar nuestro catálogo en www.edicionesobelisco.com

**Colección Cábala y judaísmo**
KABBALAH. RECONOCER, DOMINAR Y UTILIZAR
LAS LEYES MÁS ÍNTIMAS DEL UNIVERSO
*Yossef Touval*

1.ª edición: febrero de 2025
Título original: *Kabbalah: Die innersten Gesetze des Universums
erkennen beherrschen, nutzen*

Traducción: *Juli Peradejordi*
Diseño de cubierta: *Enrique Iborra*

© 2011, Ansata Verlag, una división de Penguin Random House Verlagsgruppe
GmbH, Múnich, Alemania. www.penquinrandomhouse.de
Derechos negociados a través de Ute Kórner Lit. AG
www.uklitag.com
(Reservados todos los derechos)
© 2025, Ediciones Obelisco, S. L.
(Reservados los derechos para la presente edición)

Edita: Ediciones Obelisco, S. L.
Collita, 23-25. Pol. Ind. Molí de la Bastida
08191 Rubí - Barcelona - España
Tel. 93 309 85 25
E-mail: info@edicionesobelisco.com

ISBN: 978-84-1172-231-5
DL B 19696-2024

Impreso en España en los talleres gráficos de Romanyà/Valls S. A.
Verdaguer, 1 - 08786 Capellades - Barcelona

*Printed in Spain*

# I. ¿De dónde venimos y adónde queremos ir?

## Una manzana como señal

*Era mi cuarta noche en el desierto. Solo, con una misión de vida o muerte en mi ya pesada mochila. Estas pruebas formaban parte de mi entrenamiento en el ejército israelí. Durante siete noches consecutivas, debía encontrar cinco lugares predeterminados donde se habían dejado pequeños papeles con combinaciones específicas de números, que luego presentaría como prueba al día siguiente. La noche anterior había memorizado las coordenadas de los destinos con la ayuda de un croquis. Ahora, el cielo estrellado se había convertido en mi mejor y único amigo, compañero y consejero. Me esperaban treinta kilómetros de marcha. Las noches de febrero son frías, incluso en el desierto. Sin embargo, el agua almacenada todavía se encuentra presente en esta época del año, permitiendo que un atisbo de vida palpitará, incluso ahora. El cielo nocturno, repleto de estrellas, se extendía como un manto de perlas preciosas sobre la vasta y árida inmensidad. Me sobrecogía el espectáculo silencioso, sintiendo la poderosa fuerza de la naturaleza.*

*El cansancio hoy minaba mis fuerzas y, sobre todo, mi concentración. Trataba de mantener en mi mente las coordenadas de la ruta, pero no lo conseguía. Hacía tiempo que debería haber llegado al primer destino. El miedo se apoderó de mí, paralizando el impulso de avanzar. Pero no podía ceder al deseo de descansar, porque el sudor se helaría inmediatamente en mi piel. Cada paso en ese terreno pedregoso era difícil, y había perdido completamente la orientación. ¿En qué dirección debía continuar? ¿Y si mis compañeros no me encontraban al día siguiente cuando vinieran a buscarme? De repente, el miedo a la muerte se apoderó de mi corazón. No pienses en ello ahora, sigue caminando. ¿Podría ser esa roca a la izquierda una guía? La esperanza aceleró mi paso. De repente, vi que la roca se movía. Una figura se enderezaba, pasando de estar agachada a estar erguida. Los pensamientos atravesaban mi mente como flechas. ¿Estoy alucinando o realmente hay una persona de pie allí? Si es así, ¿qué hace en mitad de la noche, en medio del desierto? No podía ser un pastor, pues no veía ningún animal. Tal vez fuera un delincuente a la fuga. Será mejor que huya. Sin esperanzas, cargado con todo mi equipo y con las piernas agotadas. En medio de estos pensamientos, una palabra llegó a mi oído: «Hola». La voz sonaba cálida, y respondí sin que mi mente procesara: «Hola». Palabras estériles en un paisaje estéril. «Estás buscando tu camino». «No». ¿Se supone que debía admitir que estaba perdido? Mientras la figura seguía hablándome, en un idioma que comprendía, mi mente era un caos y no entendía ni una palabra. sólo una frase quedó en mi mente: «Esa es la dirección en la que vas. Buena suerte»». Con estas palabras, me entregó una manzana y se marchó en dirección contraria. Completamente confundido, me quedé un momento mirándole y guardé la manzana en el bolsillo de la chaqueta. Este encuentro era tan absurdo que capté la indirecta y me dirigí en la dirección indicada. Fue igualmente absurdo que el peso de mi equipo se hiciera de re-*

*pente más soportable y que comenzara a confiar en que pronto podría orientarme de nuevo. Poco a poco, la confianza se fue extendiendo por mí, y con ella, la claridad en mi mente. La niebla se disipó y recordé el croquis con las coordenadas para esa noche. Una mirada al cielo estrellado me permitió orientarme nuevamente. Al cabo de poco tiempo, encontré mi primer destino de la noche. Me había reencontrado con mi rumbo. Sabía adónde tenía que ir. Completamente agotado, llegué al punto de encuentro acordado por la mañana y caí en un sueño profundo durante el viaje de vuelta. Ya en el campamento, el encuentro nocturno parecía una alucinación. ¿Cuántas veces habían relatado compañeros experiencias similares, vividas en estados de gran agotamiento y desesperación? Mientras me desvestía para lavarme y lavar mi ropa, algo cayó al suelo. Frente a mí, estaba una manzana.*

La manzana fue la prueba de que el encuentro había ocurrido. Sin ella, habría descartado la experiencia como una mera ilusión. Esta vivencia me incomodaba profundamente porque no podía entenderla, no encajaba en ningún marco lógico conocido. Sólo más tarde comprendí que me había encontrado con un ángel. Estaba tan confundido que no hablé con nadie al respecto. Un encuentro con un ángel no se ajustaba a mi visión del mundo, después de todo, había sido educado para confiar únicamente en mi mente y en la lógica. Un ángel simplemente no tenía cabida en esa perspectiva.

Durante al menos tres años, ignoré esta experiencia y pretendí que nunca había sucedido. Pero finalmente, me embarqué en la búsqueda de enseñanzas espirituales. Estudié el Tao, el yoga y el budismo zen, lo que eventualmente me condujo al sufismo. Todos estos modelos explicativos me parecían interesantes, pero ninguno me convencía del todo. En el fondo, buscaba acceder al nivel en el que había encontrado al ángel.

Después de esta experiencia, pasé por muchos altibajos personales hasta que un acontecimiento cambió fundamentalmente mi vida. Descubrí las enseñanzas de la Cábala y el papel central de la conciencia. Fue entonces cuando encontré la clave para enriquecer mi vida cotidiana, pues la conciencia es sinónimo de reconocimiento de la realidad. La conciencia es un gran tesoro que la mayoría de nosotros aún no hemos desenterrado. Es nuestra conexión con el nivel de la creación, pero antes de que pueda transformar nuestras vidas, debe ser entrenada. Entrenar la conciencia era la puerta que quería atravesar.

Hasta ese momento, mi vida había transcurrido en un valle rodeado de impresionantes montañas que nunca había escalado. Allí había aprendido diversas profesiones, adquirido muchos conocimientos y formado una familia. Fue una vida por lo general agradable, pero una y otra vez, sucesos desagradables me habían desviado completamente del camino.

A pesar de todos mis conocimientos y experiencias, mi conciencia apenas había cambiado. Sólo cuando conocí las enseñanzas de la Cábala comencé a ascender por las montañas que rodeaban mi valle.

Me di cuenta de que mi perspectiva anterior estaba limitada exclusivamente a mí mismo. Cuanto más ascendía, más comprendía que no sólo formaba parte de una familia, sino también de mi entorno inmediato. Al subir aún más, entendí que había otros valles más allá de las montañas, que incluso estaban conectados con mi valle. Así que subí más y más, y cuanto más alto llegaba, más comprendía lo interconectado que está todo en este mundo.

Pero la Cábala no sólo enseña los complejos mecanismos que rigen la vida terrenal, sino que también establece una conexión con el nivel de la creación. Nos muestra que el objetivo de la existencia humana es escalar las cimas de las montañas y entrar en contacto con Dios. Somos criaturas de Dios y llevamos dentro la capacidad de ser creadores. Tardé mucho tiempo en asimilar esta idea: como criaturas de Dios, también somos creadores en potencia, no sólo de nuestra realidad, sino también en el sentido de que tenemos algo valioso que ofrecer a los demás. La palabra Cábala significa «recibir». Por eso encarnamos en esta Tierra: estamos aquí para transmitir lo que recibimos.

## Las enseñanzas de la Cábala

Los cabalistas son místicos que estudian las leyes de la vida. Se dedican a técnicas meditativas y al estudio de textos de la Torah y el Zohar. El código del Creador está cifrado en la Torah, y el Zohar contiene las herramientas necesarias para descifrar este código. Varios volúmenes reúnen textos con información sobre todas las áreas de este universo que son importantes para nosotros, los humanos, ya sea la ciencia, la filosofía, la astrología, la medicina o la espiritualidad. Este conocimiento abarca todo lo que afecta nuestra vida cotidiana: la vida en pareja y en sociedad, el entendimiento sobre enfermedades y epidemias, sobre personas y animales. El Zohar contiene toda la información sobre los mecanismos de la realidad: cómo funciona la vida, cómo podemos controlarla y cómo podemos convertirnos en creadores. Aquí encontramos las herramientas para transformar a la gente común en creadores.

Desde sus inicios alrededor del año 200 d.C. hasta el siglo XIII, la transmisión del conocimiento cabalístico se realizó únicamente de manera personal, de maestro a alumno. Los portadores y transmisores de este conocimiento siempre fueron personas en un estado expandido de conciencia. Ni la inteligencia, ni la educación, ni un estatus social determinado eran decisivos, sino únicamente la capacidad de conectar con Dios.

El Zohar apareció en España a finales del siglo XIII. Fue redescubierto por Moshé de León entre 1280 y 1286. La base de las investigaciones de los cabalistas es la Torah. La Biblia hebrea, o Torah, son nombres diferentes para los cinco libros de Moisés, también conocidos como el Antiguo Testamento. Todos estos nombres se refieren a un único texto, dividido en cinco libros.

Aunque describe de manera general el desarrollo histórico de la humanidad, no es sólo un registro documental de acontecimientos históricos. A primera vista, la Torah parece una colección de relatos en los que se describen personas y se mencionan eventos históricos, pero va mucho más allá de eso.

## Los Cuatro Niveles de Interpretación de la Torah

La Torah se puede interpretar en al menos cuatro niveles distintos. El primero, *Pshat*, es el nivel más sencillo y directo. Por ejemplo, el mandamiento «No matarás» se entiende de manera literal: no debes matar a nadie.

El segundo nivel, *Shamor* y *Zajor*, implica que uno debe ser cuidadoso de no quebrantar los mandamientos y de observar el Shabbat. El Shabbat, el séptimo día de la semana, es un día de descanso, tal como lo hizo Dios después de la creación.

*Drash* es el tercer nivel, que se centra en el estudio del contexto para comprender más profundamente las enseñanzas de la Torah.

El cuarto nivel, *Sod*, es el nivel secreto. Es la perspectiva que adopta la Cábala para interpretar la Torah. Este nivel es completamente invisible y no se puede alcanzar sólo mediante el estudio de los textos. Sólo se puede acceder a él si un maestro transmite los secretos de la Cábala. En este nivel, la Torah se revela como un conocimiento de las leyes del universo en un plano no religioso, mostrando los secretos de la creación que están codificados en las palabras y versículos de la Torah. Quienes conocen las enseñanzas secretas de la Cábala disponen de todas las herramientas necesarias para vivir como creadores en la realidad física.

## La Cábala: Un conocimiento universal

La Cábala no es un sistema religioso, sino que se dirige a todos los pueblos de la Tierra. Muchos filósofos y científicos, como Galileo, Einstein y Newton, han estudiado esta enseñanza de sabiduría. Estos pensadores buscaban desentrañar los secretos del universo y encontraron respuestas en la Cábala. Los cabalistas son portadores de este conocimiento, pero las herramientas contenidas en la Cábala han sido transmitidas a toda la humanidad para ayudarnos a navegar por la realidad.

La Cábala enseña que somos dueños de nuestro propio destino. Nada de lo que nos ocurre es aleatorio; todo tiene un significado superior, aunque no siempre lo reconozcamos de inmediato. Sólo cuando entrenamos nuestra conciencia y tenemos las herramientas adecuadas en nuestras manos, la proporción de las llamadas coincidencias y giros del destino en nuestras vidas se reduce significativamente.

## El Sentido de la Vida

La cuestión del sentido de la vida preocupa a muchas personas, porque la vida parece más valiosa cuando podemos reconocerle un propósito. El sentido de la vida es diferente para cada individuo, pues cada persona tiene capacidades y talentos únicos. Sin embargo, más allá del aspecto individual, la Cábala explica que todas las personas en este mundo persiguen un objetivo común: alcanzar la conciencia creadora.

Los escritos de los cabalistas describen cómo surgió este propósito. Explican que la realidad no siempre fue física. Antes de que la materia se manifestara, existía el mundo puramente espiritual e infinito del Creador. Es difícil para nosotros imaginar un mundo así, porque como seres humanos no estamos diseñados para comprender el infinito. Nuestros sentidos y mentes operan dentro de los límites del espacio y el tiempo, caracterizados por la finitud y la dualidad.

Sin embargo, en el mundo del Creador, todo es uno, lo que también es inimaginable para nosotros. ¿Cómo pueden los opuestos, como la luz y la oscuridad o el calor y el frío, ser uno? Pero estos opuestos sólo existen para nosotros que vivimos en las limitaciones del cuerpo. En cuanto dejamos el cuerpo, todo vuelve a ser uno. Sólo el cuerpo nos separa de la unidad.

El Creador nos creó a nosotros y a este mundo. Antes de que el mundo material existiera, había criaturas en el mundo espiritual que fueron creadas por el Creador y que están representadas en la Biblia como Adán y Eva, los principios masculino y femenino. No se trata de personas físicas, sino de dos aspectos que eran uno en la realidad espiritual. Adán y Eva simbolizan la diversidad de la realidad espiritual y física.

Todo lo que existe para nosotros, y todo lo que aún no conocemos, estaba originalmente presente en esta metáfora de las dos partes del todo, el Uno, a las que nos referimos como Adán y Eva. Son una imagen de la energía espiritual manifestada. Adán y Eva representan todo lo que puede recibir la fuerza vital del Creador. El Creador da, las criaturas reciben. Todo lo que recibe energía es una criatura. Sin embargo, la fuente infinita es el Creador.

Puesto que el Creador nutría a sus criaturas con poder divino, todas las criaturas eran virtualmente como Dios. Pero, al mismo tiempo, no podían convertirse en creadoras porque no había nada ni nadie que las alimentara. La única forma de convertirse en Dios era crear algo por sí mismas. Esto requería una realidad de carencia. En la realidad espiritual, Dios creó primero la falta que se materializó con el Big Bang.

## La historia de la Creación

El Big Bang fue la manifestación del mundo dual en el que prevalecen la abundancia y la escasez. Los astrofísicos afirman que el Big Bang fue una explosión que creó materia a partir de una masa energética. Los cabalistas, por su parte, dicen que el origen de la creación de la materia fue la carencia. La Torah nos dice que en el primer día, el espíritu de Dios se cernió sobre el abismo y hubo *Tohu Vabohu*, dos palabras que representan la dualidad como idea básica. Sólo la creación de la carencia hizo posibles todas las formas de existencia de la materia.

El propósito de crear la carencia era darnos el espacio en el que pudiéramos convertirnos en creadores al manifestar nuestra capacidad divina de dar y crear. Se dice que Dios creó el mundo en siete días. Este proceso de creación tuvo lugar en la dimensión espiritual, en siete niveles. Al hacerlo, Dios creó el ADN espiritual de la realidad como el plan básico para el universo.

El ADN espiritual contiene los bloques de construcción espirituales a partir de los cuales se creó la realidad. Toda manifestación de la materia, ya sea un árbol, un ser humano o agua, requiere inteligencia. La materia sin inteligencia se convierte en polvo. Un árbol que muere se desintegra en sus partes individuales. Cuando una persona muere y la inteligencia divina abandona su cuerpo, éste se desintegra, y su carácter y cualidades humanas también desaparecen. Este proceso es observable en todo el universo.

El ADN espiritual es la inteligencia básica, el conocimiento de cómo se crearon todas las cosas, similar a un plan maestro según el cual se construyó todo el universo. En la disposición de la materia, reconocemos que no hay casualidad. Los átomos no se disponen al azar en forma de árbol. Incluso la materia inanimada tiene una forma inteligente muy específica. Esta forma tiene un origen. Los cabalistas afirman que aquí reconocemos los pensamientos de la creación. Los pensamientos de la creación forman el plan básico de todo lo que ha sido creado: el ADN espiritual de la realidad.

Según la Cábala, los siete días del proceso de la creación también representan la cantidad de tiempo que Dios ha dado a la humanidad para alcanzar la conciencia creadora. Cada día representa un milenio. Se cuenta desde el momento en que la humanidad comenzó a desarrollar la conciencia de que la realidad es controlable. La primera persona que fue capaz de hacer esto fue nuestro antepasado Abraham hace unos 4500 años. Antes de eso, ciertamente había formas de vida humana, pero no desempeñan ningún papel en el enfoque cabalístico.

Sólo cuando Abraham comprendió que había un Creador y, por lo tanto, una fuente central de toda la inteligencia que creó el universo, la humanidad pudo empezar a ponerse en contacto con este poder y tomar así su destino en sus propias manos. Abraham comprendió dos cosas: primero, que la realidad en la que vivimos no es caótica ni aleatoria; segundo, que los humanos son capaces de comunicarse con esta fuerza inteligente y, por lo tanto, ya no están a merced del llamado destino. Hasta entonces, la gente creía que existían varios dioses o fuerzas que utilizaban a las personas como peones y las castigaban a su antojo. Por eso intentaban apaciguar a los dioses con ofrendas.

## El Árbol de la Vida

El Árbol de la Vida es un modelo fundamental utilizado por la Cábala para describir las etapas de desarrollo desde el mundo espiritual hasta el mundo físico. Representa los diez niveles de la realidad, conocidos como las diez sefirot. Podemos imaginar el Árbol de la Vida como un espacio de diez dimensiones que existe más allá del continuo tiempo-espacio. Estas diez dimensiones, según la Cábala, contienen otras diez dimensiones, que a su vez contienen otras diez, y así sucesivamente. Por esta razón, la realidad, en toda su complejidad, no puede ser completamente comprendida por nuestra mente.

El término simbólico «Árbol de la Vida» proviene de la imagen de un árbol con grandes ramas de las que surgen ramas más pequeñas, en las cuales crecen hojas y frutos. Los cabalistas emplean un lenguaje simbólico que describe los fenómenos espirituales en términos de realidades físicas. Este lenguaje se basa en la comprensión de que todo lo que existe en el plano material tiene su origen en el plano espiritual. Al observar los fenómenos de la naturaleza, podemos inferir sus raíces espirituales, basándonos en el principio de causa y efecto. En hebreo, esto se conoce como el «lenguaje de las ramas». Si estudiamos las características de una rama, podemos estar seguros de que todas ellas están también presentes en el tronco del árbol del que provienen. Así, todo lo que observamos en esta realidad señala su raíz espiritual.

De manera análoga a esta imagen, los cabalistas describen las diez dimensiones como un cuerpo humano compuesto por diez unidades energéticas. Los tres niveles superiores se asignan a la cabeza: el cráneo y los hemisferios derecho e izquierdo del cerebro. Luego siguen el brazo derecho, el brazo izquierdo, el pecho, las piernas derecha e izquierda, los órganos sexuales y, finalmente, los pies. El cuerpo es tanto un espejo físico de la realidad espiritual como una sede de la dimensión espiritual.

## Los diez niveles del Árbol de la Vida

Podemos visualizar la estructura de los diez niveles como un embudo gigante. El primer nivel en la parte superior simboliza la luz, y con cada paso que damos, nos acercamos al nivel físico, dirigiendo la luz hacia nuestra realidad.

### 1. KETER

Keter, que en hebreo significa «corona», es el primer nivel del Árbol de la Vida. Es el origen de todo lo que se ha manifestado y representa la dimensión más elevada de la creación. Keter es la fuente primordial, la raíz de todas las cosas que existen en el universo.

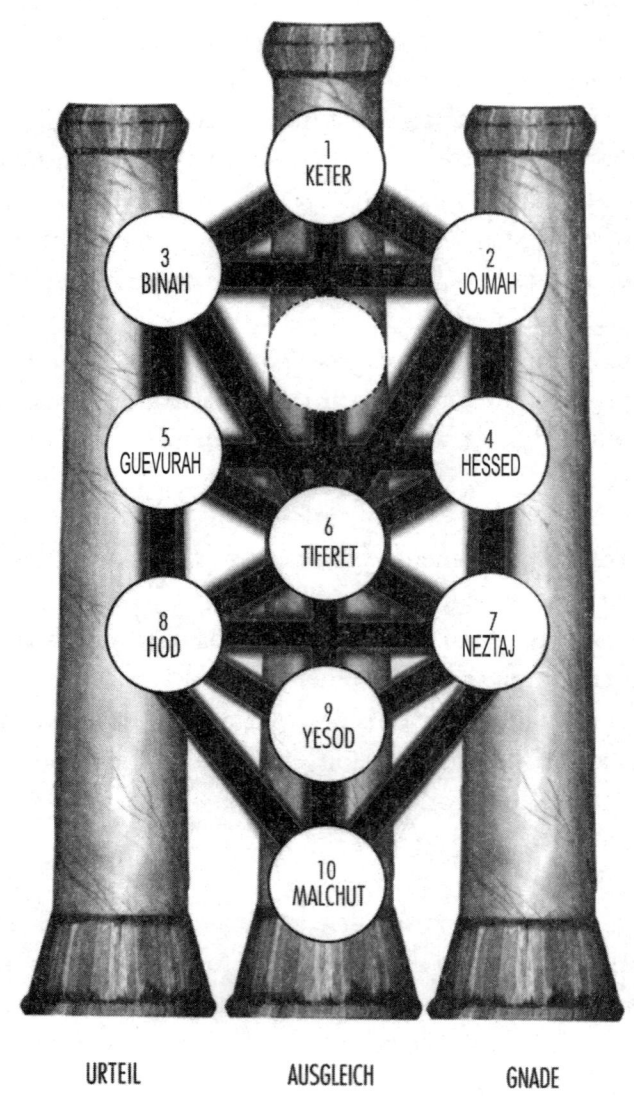

El árbol cabalístico de la vida con sus pilares

## 2. JOJMAH

Jojmah, que significa «sabiduría», es el segundo nivel y representa la primera manifestación de energía. Es la fuente de la energía masculina, conocida como el «Padre». Este nivel simboliza la fuerza creativa inicial, la parte dadora del proceso de creación.

## 3. BINAH

Binah, o «entendimiento», es el tercer nivel y representa la energía receptora, femenina, por lo que se le conoce como la «Madre». Binah es la fuente de energía para toda la realidad física, el almacén cósmico de la energía vital. Todo lo que posee energía vital extrae su fuerza de este nivel. Las tres sefirot superiores, Keter, Jojmah y Binah, componen la zona de la cabeza, que describe dimensiones elevadas y espirituales, generalmente inaccesibles en la vida cotidiana. Sin embargo, mediante ciertas herramientas espirituales y el estudio del Zohar, es posible conectar la conciencia con Binah en ciertos momentos.

## 4. HESSED

Hessed, asociado con el brazo derecho, simboliza la energía del compartir y la gracia. Es el origen de la vida, donde encontramos la energía que da vitalidad y fortaleza.

## 5. GUEVURAH

Guevurah, relacionada con el brazo izquierdo, representa la energía de recibir y realizar. También simboliza el potencial de destrucción que se manifiesta cuando esta energía no está equilibrada con la de Hessed. En términos físicos, se asemeja a una conexión eléctrica sin una toma de tierra, lo que puede resultar peligroso si no se maneja correctamente.

## 6. TIFERET
Tiferet es el nivel que conecta la parte superior del Árbol de la Vida con la inferior, así como la derecha con la izquierda. Es una dimensión autónoma, pero también engloba las seis dimensiones inferiores. Tiferet representa la armonía y el equilibrio entre las fuerzas creativas.

## 7. NETZAJ Y HOD
Netzaj y Hod están interconectados, al igual que nuestras dos piernas forman la base de nuestro cuerpo. Netzaj canaliza la energía de la continuidad y la eternidad, mientras que Hod canaliza la energía de la conciencia y la percepción profética.

## 8. YESOD
Yesod, el noveno nivel, simboliza la conexión entre la realidad espiritual y la física. Es el depósito del Árbol de la Vida, donde se acumula toda la energía que fluye desde los niveles superiores antes de manifestarse en el plano físico de Maljut. Yesod es la puerta de entrada a la espiritualidad desde la realidad física, y viceversa. En el cuerpo humano, Yesod se asocia con el suelo pélvico, la base desde la cual emergemos a la luz. Simboliza la capacidad de crear vida y abundancia, tanto en el ámbito espiritual como en el físico.

## 9. MALJUT
Maljut, el décimo y último nivel, es conocido como el Reino de Dios. Es el jardín del Creador, donde todo lo sem-

brado en las realidades superiores crece y florece. Maljut representa la realidad física en la que vivimos. Lo que experimentamos aquí son manifestaciones de la luz espiritual que emana del Creador, canalizada a través de las nueve sefirot anteriores hasta que finalmente se materializa en Maljut. Dado que la luz del Creador es tan intangible, necesita pasar por estas múltiples dimensiones para transformarse y ser accesible a los seres humanos. Aunque el plano de Maljut es una dimensión espiritual, tiene una réplica exacta en la realidad física. Todo lo que existe en Maljut en su forma espiritual se refleja en nuestra realidad física.

## Las Criaturas de Dios

El proceso de la creación duró siete días. En el sexto día, Dios creó a Adán y Eva como figuras simbólicas destinadas a recorrer el camino hacia la conciencia creadora. Para alcanzar esta conciencia, necesitaban el libre albedrío, ya que sin él, no podrían desarrollar una plena consciencia ni, por lo tanto, convertirse en creadores. No se puede ser un creador sin ser consciente de las propias acciones. La conciencia es esencial para asumir ese rol.

Dios les ofreció a Adán y Eva dos caminos posibles: el camino espiritual, representado por el Árbol de la Vida, caracterizado por tres parámetros, y el camino del conocimiento del bien y del mal, simbolizado por el Árbol del Conocimiento, que contiene dos componentes. Estos dos caminos representan diferentes enfoques de la vida y de la conciencia.

Eva eligió el camino del conocimiento del bien y del mal al tomar la manzana. Esta decisión simboliza mucho más que una simple elección; la Cábala se refiere a este camino como el sistema de los dos pilares, que es el camino de la dualidad, oscilando entre el bien y el mal, el deseo de tener y el tomar. Al seguir este camino, se entra en el espacio de la finitud y la muerte.

El otro camino, el sistema de los tres pilares en la Cábala, incluye un tercer componente: la activación de la conciencia en la configuración de nuestras acciones. Este camino lleva a la integración y equilibrio entre las fuerzas, permitiendo una existencia más elevada y consciente.

Antes de que Eva tomara la manzana, Dios le advirtió que el Árbol del Conocimiento representaba la finitud y la muerte. Sin embargo, Eva decidió comer la manzana, eligiendo una vida finita dentro de la dualidad. Como resultado, tanto ella como Adán ya no pudieron existir en el espacio infinito de la conciencia divina. Al tomar esta decisión, cayeron de su conciencia divina a una conciencia limitada por la finitud y la muerte.

Este acto los fragmentó en miles de millones de chispas espirituales que se materializaron en cuerpos humanos en la realidad física.

*Imagina un gran y hermoso cristal que cae al suelo y se rompe en miles de fragmentos. Cada fragmento refleja la luz de manera diferente, pero todos pertenecen originalmente al mismo cristal.*

De manera similar, todo lo que existe en este universo es una chispa divina de creación que se manifiesta en una envoltura física. Cuando alguien muere, no es la chispa de creación lo que perece, sino la envoltura física la que se desintegra, permitiendo que la chispa se manifieste de nuevo en otra forma.

El objetivo último de la creación es que todas las chispas pasen por un proceso de transformación hacia la conciencia de ser un creador, alcanzando finalmente la plena conciencia de su capacidad creadora. Sólo podemos convertirnos en creadores cuando nos percibimos a nosotros mismos como tales, y para ello necesitamos la realidad física como plataforma de aprendizaje y crecimiento. Sin embargo, no debemos olvidar de dónde venimos y adónde queremos ir. Nuestra esencia es infinita, inmortal y divina. Cada uno de nosotros es un creador, cada uno de nosotros es perfecto en su esencia.

Después de separarme de mi mujer, sentí que mi mundo se derrumbaba, ya que esa relación había sido el centro de mi vida. Sólo cuando comprendí que el dolor provenía de mí mismo y que era yo quien lo perpetuaba, pude dar el primer paso para liberarme de esa posición de víctima. Mientras me aferraba al pasado —al amor, la seguridad, el calor—, permanecía atrapado en él. Sin embargo, ser un creador significa vivir en el presente, en el aquí y ahora, y no permitir que el pasado nos domine. En lugar de eso, debemos enfocarnos en el futuro: cómo quiero que sea mi vida, qué quiero lograr, cómo deseo vivir.

Ser un creador implica reconocer que nuestros pensamientos, palabras y acciones de hoy son las semillas de los eventos del futuro. Tener conciencia de creador significa entender que una fuerza positiva puede influir en todos los aspectos de nuestra vida. Pero, más allá de esto, ser un creador también significa mirar más allá de nuestras propias necesidades y asegurarnos de que los demás también tengan lo que necesitan.

Es comprender que nuestra vida se entrelaza con la de los demás y que nuestro bienestar no está completo si ignoramos el bienestar de quienes nos rodean.

# II. Veo lo que tú no ves

## Una galleta no es sólo una galleta

Para ampliar nuestra conciencia, es esencial reconocer los mecanismos inconscientes que controlan nuestra percepción y comportamiento, de modo que podamos dar el siguiente paso y moldear nuestras vidas de forma más consciente. Empecemos explorando los componentes de nuestra percepción: emociones, experiencias e ideas individuales, perspectivas personales, actitudes y deseos. Sin embargo, muchas veces creemos que lo que percibimos forma parte de una realidad objetiva, cuando en realidad es una interpretación subjetiva.

*Imaginemos la siguiente escena en una terminal de aeropuerto: una mujer se dirige a su ciudad natal. Después de que un agente de seguridad revisa minuciosamente su equipaje de mano, ella se siente un poco nerviosa, aunque no tiene nada que ocultar. Estos controles siempre le generan la sensación de que algo podría salir mal. Para calmarse y hacer más amena la espera en la puerta de embarque, compra una revista y un paquete de galletas. Aún nerviosa, se sienta junto a un joven apuesto. Antes de abrir la revista, abre la bolsa de galletas que dejó en el asiento de al lado y toma una. Para su sorpresa, el hombre a su lado hace lo mismo. Ella se sorprende, pero decide no darle importancia: después de todo, sólo es una galleta.*

*Luego toma otra galleta, y el hombre repite la acción. A ella le parece una falta de respeto; al menos podría haber pedido una. Su enfado crece, pero decide no hacer una escena por unas simples galletas. Finalmente, cuando la bolsa está casi vacía, el hombre toma la última galleta, la parte en dos y le ofrece la mitad. Mientras tanto, llaman para el embarque. Ambos suben al avión y, por coincidencia, terminan sentados juntos. La mujer está horrorizada: de todas las personas, este hombre, que se sirvió de su bolsa de galletas sin su permiso, tiene que estar a su lado. Intenta contener su rabia. Después de que se apaga la señal del cinturón de seguridad, se levanta para ir al baño. Al abrir su bolso para sacar el pintalabios, descubre su propia bolsa de galletas intacta. Había estado comiendo todo el tiempo de la bolsa del extraño… ¡qué vergüenza! De vuelta a su asiento, se disculpa con el hombre, sintiéndose muy incómoda. Él responde con educación y calma. Desde su punto de vista, había visto a la mujer un poco confundida, pero no sabía qué hacer. Al final, compartió la última galleta con ella.*

Este ejemplo ilustra cómo percibimos una situación o el comportamiento de una persona y lo evaluamos, generando juicios que sólo existen en nuestra mente y que no siempre corresponden a los hechos.

*En otra historia, en una pequeña ciudad como tantas en el mundo, Peter Sturm es conocido como un mujeriego y por sus fiestas llenas de alcohol y compañía fácil. Una mañana, un vecino ve salir de la casa del Sr. Sturm a la esposa de un conocido abogado. Pronto se difunde el rumor de que la mujer del abogado tiene conexiones dudosas. Sin embargo, no se escuchan rumores sobre peleas o una posible separación de la pareja. Un día, un amigo le pregunta al abogado cómo afronta que su esposa lo engañe. Él responde: «Si me tomara en serio las fantasías de todos, mi vida sería un infierno. La realidad es que mi esposa tiene un tío en Estados Unidos. Un invitado del Sr. Sturm, amigo de su tío, voló a América esa mañana, y mi esposa sólo le entregó algo en el último momento para que lo llevara».*

Estos dos ejemplos muestran cómo nuestros mecanismos individuales de evaluación moldean nuestra percepción y, por tanto, influyen en nuestra calidad de vida. Existen muchas formas de percibir una realidad aparentemente objetiva.

## El caleidoscopio de la percepción

¿Conoces esos tubos mágicos, donde, en un extremo, entre dos placas de cristal de colores, se forman patrones siempre cambiantes y hermosos cuando giras el tubo? No podemos desvelar la magia detrás de esto destruyendo el tubo y examinando las placas de colores. Sólo reconociendo los mecanismos de la interacción podemos llegar más lejos. Echemos un vistazo al caleidoscopio de la percepción:

Vemos un prado de flores.

Oímos el trinar de los pájaros.

Olemos el aroma de la primavera.

Probamos el zumo de un limón.

Sentimos el flujo de la saliva.

Todo lo que percibimos lo hacemos a través de nuestros órganos sensoriales. Las percepciones sensoriales tienen una gama de colores, tonos y sabores, pero son neutras en sí mismas. Un prado es verde y un pájaro pía. El criterio decisivo para cómo percibimos el prado y el pájaro es nuestro estado emocional.

Nuestras emociones son cruciales para los patrones de nuestro caleidoscopio perceptivo. Son las que moldean las piezas en patrones específicos. Todos hemos experimentado el efecto de las «gafas de color rosa» que iluminan el mundo cuando estamos enamorados. Así, un día espléndido de verano puede parecer insignificante si estamos abrumados por preocupaciones.

*Imaginemos un gran árbol con amplias ramas en un paisaje montañoso, con un sendero que pasa por debajo. Si estás enamorado y pedaleas por ese sendero en bicicleta hacia un encuentro con tu amada, al ver el árbol tu corazón se llena aún más de alegría. ¡Qué maravillas ha creado la naturaleza!*

*Sin embargo, una hora después, pasas de nuevo por el mismo árbol, pero esta vez te molesta que las ramas te golpeen en la cara mientras te apresuras, furioso y con lágrimas en los ojos. Tu amada no quiso besarte ni estar contigo, y te ha dejado.*

*Otro ejemplo: la Sra. Berger tiene una cita con la Dra. Wolschner para colocarse una corona dental. Lleva días temiendo esta cita y no puede disfrutar del cálido aire primaveral. En cambio, la Dra. Wolschner está muy animada mientras pedalea hacia su consultorio, emocionada por poner en práctica sus habilidades. Hace dos días, el laboratorio le entregó una hermosa prótesis dental, acompañada de un ramo de flores en agradecimiento por su colaboración.*

Así, una simple corona dental provoca una amplia gama de emociones en todas las personas involucradas.

*Considera una cita con una persona amada. Tienes una velada mágica en un restaurante: la comida es excelente, el ambiente encantador y el servicio impecable. Unas semanas después, decides llevar a ese mismo restaurante una difícil reunión de negocios, esperando que el entorno agradable facilite la conversación. Sin embargo, el plan no sale bien, y descubres que, sin las «gafas de color rosa» del enamoramiento, el lugar resulta ser simplemente un restaurante normal con comida mediocre, servicio lento y precios elevados. Y no es que el restaurante haya cambiado, sino que tu percepción ha cambiado debido a tu estado emocional.*

*Estos ejemplos ilustran cómo nuestras emociones interactúan con nuestras percepciones, creando realidades subjetivas que pueden variar drásticamente según nuestro estado interno. El mundo exterior no cambia; lo que cambia es la forma en que lo interpretamos a través del prisma de nuestras emociones.*

## La Percepción y la Realidad

Imagina un paisaje montañoso en verano. Dos ciclistas se encuentran en una carretera. Uno sube la colina, luchando contra la gravedad, sudando y esforzándose, mientras que el otro la baja, disfrutando de la velocidad y la facilidad del descenso. Aunque ambos ciclistas están en la misma montaña, su percepción de la experiencia es completamente diferente. Esto refleja cómo nuestro estado de ánimo y situación influyen profundamente en cómo percibimos la realidad.

*Si examinamos conscientemente nuestra vida cotidiana, descubriremos muchas situaciones donde nuestro estado de ánimo moldea nuestra percepción de lo que consideramos una realidad objetiva. Sin embargo, a menudo no somos conscientes del «color de nuestras gafas». Incluso existen pruebas científicas que demuestran este fenómeno. En un experimento de psicología perceptiva, a un grupo de sujetos se les mostraron retratos de personas y se les pidió que clasificaran las expresiones faciales como amistosas o agresivas. Un segundo grupo recibió una inyección de adrenalina antes de ver y evaluar los retratos. La adrenalina, que induce un estado de alerta en el cuerpo, provocó que la mayoría de los participantes del grupo percibieran las expresiones faciales como significativamente más agresivas.*

Estos ejemplos no buscan sugerir que reprimamos nuestros sentimientos, sino que nos invitan a tomar conciencia de cómo los componentes individuales de nuestra percepción interactúan entre sí. El objetivo es aprender a ver a través de estos mecanismos inconscientes para no simplemente reaccionar ante las situaciones, sino actuar de manera consciente y deliberada.

## Manipulación de la Percepción

La industria publicitaria es un ejemplo claro de cómo se manipulan las emociones para influir en la percepción y el comportamiento de los consumidores. Los publicistas saben que no se puede vender un producto sólo por sus méritos; es necesario crear un entorno que vincule emocionalmente a las personas con el producto. De manera similar, las películas de cine ilustran cómo las emociones moldean nuestra percepción. Cuando vemos una película, las imágenes y las palabras son importantes, pero la música que acompaña a las escenas es crucial para determinar cómo percibimos esas imágenes. Una misma escena puede generar emociones y expectativas completamente diferentes según la música que la acompañe. Por ejemplo, una secuencia de un coche circulando por una carretera estrecha a través de un paisaje accidentado puede percibirse como tensa y emocionante con música dramática, o como relajante y alegre con música ligera.

De la misma manera que la música da un significado particular a las imágenes de una película, nuestras emociones dan un significado individual a nuestra realidad. Mientras no seamos plenamente conscientes de estos mecanismos, nos movemos en un mundo de ilusiones, donde nuestra percepción está distorsionada por nuestras emociones y experiencias previas.

## El disco duro del alma

En una película, un viaje en coche no es sólo un viaje en coche; cada escena forma parte de una trama que se almacena en la memoria del espectador como una experiencia. Lo mismo sucede en la película de nuestra vida. Cada persona tiene un vasto archivo emocional de experiencias que, a diferencia de una película, es casi ilimitado. Las experiencias que hemos categorizado como negativas influyen especialmente en nuestra percepción de situaciones actuales.

Por ejemplo, una picadura de avispa en la infancia puede desencadenar reacciones de pánico en la adultez cada vez que nos enfrentamos a estos insectos. De manera similar, experiencias pasadas en relaciones conflictivas pueden llevarnos a evitar discusiones o a responder de manera desproporcionada cuando se presentan. Hace tiempo, las experiencias negativas que tuve con discusiones me hacían huir ante el primer signo de desacuerdo, porque una relación anterior se había desmoronado por demasiadas discusiones agotadoras. Esta experiencia me impidió abordar los conflictos de manera constructiva durante mucho tiempo. En otra relación, durante meses no pude aprovechar la oportunidad que me brindaba mi nueva pareja, para quien las discusiones no sólo eran constructivas sino también purificadoras.

Todas las experiencias que nos han conmovido emocionalmente siguen influyendo en nosotros hoy en día, controlando nuestra forma de pensar y actuar. El disco duro de nuestra alma tiene una capacidad de almacenamiento muy alta, lo que significa que incluso las experiencias que creíamos haber olvidado siguen participando activamente en nuestros procesos de percepción y toma de decisiones, incluso décadas después. Mientras no seamos conscientes de esto, es posible que nos encontremos repetidamente en situaciones donde no tenemos el control y, en cambio, actuamos de maneras que no reflejan nuestra verdadera naturaleza.

## El animal que llevamos dentro

Supongo que todos hemos estado en situaciones en las que hemos actuado de manera impulsiva y luego nos hemos arrepentido de nuestras acciones. Estos comportamientos son el resultado de lo que la Cábala moderna denomina «sistema reactivo». Este sistema funciona dentro de nosotros, haciendo que reaccionemos automáticamente a ciertos estímulos en lugar de actuar de manera consciente. En la psicología moderna, este fenómeno se conoce como un sistema emocional y reflexivo que influye en nuestro comportamiento inconsciente, localizado en el sistema límbico y el tronco encefálico. Estos centros se activan cuando actuamos de forma impulsiva y reactiva.

El sistema reactivo es como un animal que vive dentro de nosotros, dotado de instintos poderosos. Cuando este animal percibe un estímulo particular, reaccionamos a un nivel instintivo e inconsciente, sin activar nuestra conciencia. Este sistema reactivo nos fue dado de manera neutral, como parte de nuestro equipamiento básico, similar a los instintos de supervivencia física. Es una herramienta esencial para evitar el peligro. Sin embargo, como con cualquier herramienta, podemos utilizar este sistema de manera positiva o dejar que nos controle de manera negativa.

El problema surge cuando actuamos exclusivamente a un nivel instintivo y reactivo. A continuación, se presentan tres ejemplos de patrones de reacción que todos reconocemos y que pueden ser muy útiles en situaciones de amenaza, pero que también pueden causar problemas si no se manejan adecuadamente:

- **Lucha:** Éste es un mecanismo crucial cuando necesitamos defendernos a nosotros mismos o a nuestra familia frente al peligro. Tan pronto como nos sentimos atacados, el sistema reactivo «desenvaina la espada», contraataca y defiende nuestra «fortaleza». Esto ocurre independientemente de si el ataque es físico o verbal. Sin embargo, si esta reacción es inconsciente, puede resultar en heridas que lamentemos profundamente más tarde. A veces, amistades o relaciones laborales se rompen por palabras hirientes que se dijeron en el calor del momento, sin haber sido realmente intencionadas. Un malentendido puede transformar a un mejor amigo en un rival porque el espíritu de lucha se activa automáticamente. No obstante, cualquier conflicto puede resolverse si superamos nuestro lado reactivo y activamos nuestra conciencia. Lamentablemente, la prevalencia de conflictos no resueltos se evidencia en la cantidad de bufetes de abogados que prosperan especializándose únicamente en disputas. Por ejemplo, en las páginas amarillas de Berlín se pueden encontrar 110 especialidades diferentes bajo la categoría de «Abogados especializados».

- **Hacerse el muerto** a veces parece ser esencial para sobrevivir en la naturaleza. Se dice que las personas tienen más posibilidades de sobrevivir a un encuentro con un oso pardo si fingen estar muertos. Sin embargo, esta táctica es inútil si el «oso pardo» toma la forma de un superior enfadado que nos exige una explicación y nosotros simplemente no respondemos al teléfono.

- Otro patrón de reacción común es la **huida**. En la prehistoria, este comportamiento era necesario para evitar confrontaciones con tigres, y en el mundo moderno es extremadamente útil cuando se trata de escapar de un incendio. Sin embargo, en los conflictos con otras personas, la huida inconsciente no es el método adecuado. Como personas modernas, ya no huimos físicamente de situaciones desagradables, pero las evitamos distrayéndonos con la televisión en lugar de dialogar, o incluso enfermando si no vemos una solución a la vista. Escapar hacia el trabajo o el uso de drogas también es un ejemplo típico de nuestro comportamiento de huida en la actualidad.

Los tres patrones –luchar, hacerse el muerto y huir– controlan nuestro comportamiento instintivo, pero son de poca ayuda en la vida cotidiana. Cuando nuestro jefe nos llama para resolver un problema, no debemos ni fingir estar muertos, ni contraatacar, ni huir. Estos patrones de reacción son inadecuados. A menudo no somos conscientes de estos mecanismos, y mientras estemos controlados por sistemas inconscientes, no podremos ser los capitanes de nuestro barco en la vida. En su mayoría, hemos crecido dándole libertad absoluta a nuestro sistema emocional porque creemos que somos como sentimos, bajo el lema: «como siento, así soy». Pero a veces desarrollamos sentimientos basados en patrones reactivos que no se corresponden en absoluto con nuestro verdadero yo. La opción racional tampoco es la solución, porque negar o suprimir las emociones también es sólo un comportamiento reactivo. Sólo cuando activamos nuestra conciencia podemos diferenciar entre los patrones reactivos inconscientes y nuestro verdadero yo. Los sistemas inconscientes son como gafas que distorsionan nuestra percepción de la realidad e influyen en nuestros pensamientos y acciones. Si comprendemos por qué percibimos lo que percibimos y cómo nos comportamos, podremos controlar nuestra percepción y comportamiento de manera más consciente. Para quitarnos esas gafas, primero debemos darnos cuenta de que las llevamos puestas y aprender a reconocer cuándo y en qué situaciones las usamos. Identificar dónde están nuestros patrones reactivos y cuándo están en juego nuestras emociones inconscientes es esencial. Es muy útil llevar un diario y registrar por escrito las situaciones en las que has reaccionado en lugar de actuar conscientemente.

*Consigue un pequeño cuaderno y durante la próxima semana, anota en él dónde reaccionaste, dónde te enfadaste, y dónde las emociones te dominaron hasta el punto de perder el control.*

Nuestras reacciones son instintivas, casi innatas. La única manera de evitar que nos controlen es activar la conciencia. El objetivo es reevaluar nuestra percepción a través de una conciencia expandida. No es la percepción la que debe dar forma a la conciencia, sino al revés: debemos ampliar la percepción con nuestra conciencia. Normalmente, creemos que la percepción crea la conciencia: todo lo que percibimos lo incorporamos a nuestra conciencia. Pero aquí es donde necesitamos un cambio de perspectiva: la conciencia crea la realidad. Podemos hacernos la pregunta crucial cada día: ¿Nuestro sistema emocional controla nuestra conciencia o nuestra conciencia controla nuestro sistema emocional?

# III. Cambio de perspectiva

## Bueno o malo

Empecemos por centrarnos en el objetivo de no sentirnos a merced de nuestras emociones ni de las circunstancias.

*Simone tiene una entrevista importante para un trabajo prometedor en la ciudad en la que siempre ha soñado vivir. Después de ir a la peluquería y elegir cuidadosamente su ropa, se acuesta temprano para estar bien descansada la mañana decisiva. El despertador suena a la hora prevista y, para asegurarse, pide un taxi hasta la estación. Sin embargo, el viaje se convierte en un reto nervioso al quedar atrapados en un atasco. El tren sale sin ellos, lo que impide que Simone llegue a tiempo, perdiendo la oportunidad de demostrar su fiabilidad. El siguiente tren llega con retraso y está completamente abarrotado. Afortunadamente, Simone encuentra un asiento libre junto a una señora mayor, quien, al observarla frotarse las manos nerviosamente, entabla conversación con ella. Al final del viaje en tren, las dos mujeres intercambian tarjetas de visita y se despiden cordialmente. Simone llega tarde a la entrevista y no consigue el trabajo. Durante los días siguientes, su estado de ánimo se oscurece y pensamientos sobre su vida comienzan a dominar su mente.*

¿Fue la situación buena o mala? Desde la perspectiva de Simone, fue claramente mala. No se sintió la creadora de su realidad mientras estaba atrapada en el atasco, ni eligió conscientemente su mal humor posterior.

*Sin embargo, unas semanas más tarde, resulta que la empresa a la que había postulado se declaró en quiebra. Además, la amable señora del tren se puso en contacto con ella y le ayudó a encontrar un trabajo donde pudo aprovechar al máximo todas sus habilidades.*

¿El atasco fue bueno o malo? En ese momento, con su limitada percepción, Simone lo vio como algo malo. A veces simplemente no tenemos una visión completa porque no podemos viajar en el tiempo. Sin embargo, podemos desarrollar la confianza: la confianza en que todas las situaciones tienen un propósito. Con una actitud más confiada, Simone podría haberse ahorrado la fase depresiva.

Uno de los pasos hacia la conciencia creadora es encontrar la plenitud en cada situación de la vida. Cada circunstancia alberga un potencial de realización. Sin embargo, nos resulta difícil reconocer este potencial por dos razones: primero, carecemos de la visión global necesaria, y segundo, tendemos a centrarnos únicamente en nuestro propio beneficio inmediato. Nuestro filtro personal de percepción siempre está ajustado con la pregunta: «¿Qué hay para mí?». Experimentamos y evaluamos cada situación como buena o mala, según nuestra perspectiva personal. Cuanto más centramos nuestra atención en nuestro propio beneficio, más estrecha se vuelve la ventana a través de la cual percibimos el mundo.

Para ampliar nuestra perspectiva, es necesario domar o transformar el hábito de evaluar todo sólo en función de cómo nos beneficia. Cada ser humano ha sido creado para ser un creador. Lo que nos impide vivir plenamente como creadores es el deseo de obtener y conservar cosas, personas y cualquier otra cosa de forma inmediata, para nosotros mismos y sólo para nuestro beneficio.

## El principio de resistencia

Avancemos un poco más en el camino de la transformación y observemos nuestro comportamiento cuando sentimos el deseo de algo. Normalmente, tratamos de satisfacer nuestros deseos lo más rápido posible. Tenemos hambre y comemos algo. A veces, no es tanto el hambre lo que nos impulsa, sino el deseo de placer. Por ejemplo, cuando pasamos por delante de una heladería, de repente anhelamos un helado de vainilla con chocolate, o incluso uno de mango y pistacho. ¿Alguna vez has salido de compras con una lista que decía «pan, mantequilla y queso», y al llegar a casa descubres que has comprado velas perfumadas y pudín?

Además de las necesidades básicas de comida, calor y amor, constantemente surgen otras necesidades que quieren ser satisfechas… de inmediato. La palabra clave en nuestro proceso de transformación es «inmediatamente». Lo que parece insignificante a primera vista tiene una función clave según el conocimiento cabalístico. Tenemos necesidades y deseos que claman por ser satisfechos. Estos deseos son esenciales, no sólo para nuestra supervivencia física, sino también para fortalecer nuestra voluntad de vivir. Los deseos están programados en nosotros; así somos y así debemos ser. No quiero decir que no debamos recibir, al contrario.

Muchas culturas sostienen que sólo serás feliz si renuncias a todos los bienes materiales, pero el Creador no nos proporcionó el paraíso para que viviéramos sólo con pan y agua. La cuestión crucial es cómo elegimos el camino hacia la satisfacción.

*Imaginemos un jueves por la mañana. Hoy vienen los niños y tengo que hacer la compra. De camino al supermercado, paso por delante de una joyería que acaba de abrir. Un reloj en el escaparate me llama la atención: grande, deportivo, masculino. Entro en la tienda y la dependienta me lo muestra, incluso me ofrece un descuento del 30 %, una oferta de inauguración. El reloj me queda perfecto y siento el impulso de comprarlo. En este punto, tengo dos opciones: sacar la tarjeta de crédito y comprar el reloj o resistir el impulso momentáneo, salir de la tienda y seguir con mi plan original de ir al supermercado.*

Con esta decisión, estoy eligiendo entre ser víctima –gratificación inmediata de mi sistema reactivo– o ser creador –manejo consciente de mis deseos–. Al no comprar el reloj de inmediato, estoy resistiendo el deseo de poseerlo instantáneamente. Puedo admirar el reloj, desearlo, pero luego devolverlo y dejar que el deseo repose. Al día siguiente, puedo volver a considerar si realmente lo quiero. Si el reloj es verdaderamente importante para mí, quizás lo compre. No se trata de negarme algo, sino de reconocer un deseo incontrolado y reactivo, y tomar una decisión consciente que ponga la mente por encima de una necesidad repentina.

Al posponer un deseo, activamos una resistencia a la necesidad de satisfacerlo de inmediato. Esta resistencia nos lleva a un nivel de conciencia superior y nos permite experimentar lo que significa tener control sobre nuestras vidas. No se trata de no poder permitirnos algo o de negarnos caprichos, sino de reconocer el deseo espontáneo y reactivo, y dejarlo de lado momentáneamente. De esta manera, aprendemos en pequeños pasos a controlar nuestras acciones precipitadas y reactivas.

## Alto y adiós

Cuando salgo con mis hijos, a menudo sucede que descubren algo que les gusta al instante. Entonces dicen: «Papá, es exactamente lo que quería desde hace tanto tiempo. Por favor, cómpramelo». Como padre, es tentador negarse inicialmente: «Ya tienes suficientes juguetes, y esa muñeca es fea». Sin embargo, con el conocimiento cabalístico en mente, enfoco los deseos de mis hijos de otra manera. En lugar de rechazar sus deseos o convencerlos de que no los tengan, los apoyo para que los permitan surgir. Después de todo, si frustramos sus pequeños deseos, no aprenderán a desarrollar deseos mayores más adelante. Los deseos son fundamentales para una vida plena, ya que nos guían a lo largo de ella.

Por supuesto, el aspecto financiero también juega un papel, pero el trabajo espiritual consiste en ver conscientemente a través de los patrones reactivos y luego actuar en consecuencia. Con mis hijos, he acuñado la expresión «alto y adiós». Siempre que descubren algo que les gustaría tener, no lo compramos de inmediato. Quiero que lo piensen al menos una noche. Si al día siguiente el deseo persiste y el objeto no supera cierto límite económico, podemos comprar el coche de juguete o la cinta para el pelo. A menudo ha sucedido que el objeto codiciado pierde su brillo al día siguiente, y mis hijos entienden el valor de «alto y adiós».

Por supuesto, también enfrentamos situaciones en las que hay gritos y protestas: «Papá, lo quiero ahora, de inmediato». Pero en esos momentos, los adultos podemos reconocer al «niño interior» que insiste en la gratificación instantánea. Todos conocemos situaciones en las que los niños pequeños se tiran al suelo frente a la estantería de caramelos en la tienda porque realmente quieren algo. Esto muestra claramente cómo un deseo puede dominar toda la personalidad. No es diferente para nosotros, los adultos. Cuando estamos imbuidos de un deseo egoísta, nuestra personalidad cambia. En ese momento, ya no somos creadores, sino esclavos o víctimas de nuestros deseos.

## La salida del domingo

El principio de resistencia puede aplicarse a todos los aspectos de la vida. Cada deseo, ya sea por algo material, reconocimiento o amor, activa en nosotros un mecanismo que pone en marcha el sistema reactivo. Entonces existe un gran peligro de que perdamos el control de nuestras vidas.

*Joaquín está planeando un viaje familiar para el próximo fin de semana. Después de investigar a fondo en Internet, decide que harán una excursión en bicicleta a Schorfheide. Está convencido de que un día completo en la naturaleza será beneficioso para toda la familia. Lleno de entusiasmo, anuncia su plan el jueves por la noche. Sin embargo, su entusiasmo no es compartido por los demás; al contrario, los niños ponen mala cara y prefieren ir al parque infantil cubierto, mientras que su esposa insiste en que se debe cortar el árbol que tanto les molesta en el jardín.*

Joaquin se siente decepcionado y frustrado por la falta de entusiasmo hacia su plan. El veneno de la decepción comienza a fermentar en su interior, y rechaza la idea del parque cubierto con argumentos como el aire viciado y el exceso de ruido. También encuentra diversas razones para posponer la tala del árbol. No importa cómo reaccione Joaquín, ya sea retirándose enojado y malhumorado o explotando en una rabieta, el sistema reactivo ha tomado control. En ese momento, ya no tiene dominio sobre la situación y está lejos de ser un creador. Esto nos ocurre a todos, independientemente de si somos más propensos a los arrebatos de ira o a la introspección silenciosa.

Sin embargo, existe la posibilidad de que ocurra un cambio de perspectiva en la mente de Joaquín. ¿Qué es lo que realmente quiere? ¿Desea que su plan se ejecute aunque no satisfaga las necesidades de los demás miembros de la familia? Si deja de lado sus expectativas por un momento y cambia de perspectiva, se dará cuenta de que sus hijos tienen la necesidad de jugar y liberarse. Entonces puede sentarse con ellos, explicarles por qué prefiere estar al aire libre y acordar pasar un tiempo limitado en el parque cubierto, involucrándolos también en la tarea de cortar el árbol. En cuanto a la tala del árbol, puede que no le entusiasme la idea de trabajar, pero al sentir empatía por su esposa, comprenderá su necesidad de orden. Y quizás después haya tiempo para una visita a la heladería, lo que cumpliría su deseo de hacer algo en familia.

En el caso de Joaquín, la solución está en ignorar su ego herido y concentrarse en cómo hacer que el fin de semana sea positivo para todos. Su verdadero deseo es pasar tiempo de calidad con su familia, pero no logrará esto imponiendo su idea o voluntad, sino ampliando su perspectiva para incluir las necesidades de los demás.

## El varón HB se encuentra con una señal de stop

Existen muchas formas de reaccionar en situaciones de conflicto, y yo puedo decirte algunas cosas sobre la ira y la rabia. A lo largo de mi vida, he experimentado situaciones en las que he pasado de cero a cien en cuestión de segundos, siempre convencido de que tenía razón y los demás estaban equivocados. En esos momentos de intensa emoción, me era imposible comprender el punto de vista de la otra persona. Las discusiones, que a menudo comenzaban por cosas pequeñas, rápidamente se transformaban en disputas fundamentales. Este tipo de reacciones emocionales exageradas –ira, rabia, celos– son comunes y producen una cierta satisfacción temporal. Cuando expresamos nuestra ira durante una discusión, obtenemos una breve sensación de alivio, una satisfacción momentánea.

Sin embargo, cuando permitimos que la emoción reactiva tome control –sea ira, resentimiento o celos– entramos en un túnel emocional y perdemos completamente el dominio de la situación. Es en ese instante cuando el «animal» que llevamos dentro se apodera de nosotros. Nos encontramos atrapados en nuestro sistema reactivo, sin poder detenerlo. La única manera de evitar caer en ese túnel es encender nuestra conciencia y activar una resistencia. Esto se logra visualizando internamente una gran señal de stop que nos dice: «Sí, hay presión, pero tengo un pedal de freno. STOP: no quiero avanzar hacia el túnel emocional y no quiero ser esclavo de mis emociones».

Aunque esto parece sencillo en teoría, es sumamente difícil de poner en práctica. En este punto es donde se requiere un fuerte compromiso interior y una determinación firme para transformar el sistema reactivo inconsciente en una conciencia creativa, consciente y activa. Los desafíos cotidianos pueden superarse si somos capaces de vencer al sistema reactivo que habita en nuestro interior.

Esto requiere práctica y fuerza de voluntad: la capacidad de decidir una y otra vez actuar de manera proactiva en lugar de reactiva. Se puede practicar antes de enfrentarse a situaciones críticas, imaginando escenarios en un entorno neutral donde nos sentimos enfadados, decepcionados, tristes o juzgados, y luego activando la señal de «stop» con toda nuestra fuerza y determinación. Esto no significa que no podamos expresar lo que pensamos o criticar a alguien; podemos mostrar a la otra persona que nos ha hecho daño y que no toleramos su comportamiento, pero sin hacerlo de manera reactiva e incontrolada.

Una vez entendido esto, podemos activar la señal de «stop» con más facilidad y reconocer que la escena no está ahí fuera, sino en nuestra mente. Podemos activar la resiliencia, por ejemplo, pensando en algo completamente distinto en ese momento. Más tarde, cuando las emociones reactivas se hayan calmado, podremos expresar lo que tengamos que decir. Es una especie de entrenamiento en circuito: necesitamos practicar, practicar y practicar. La buena noticia es que practicamos en un lugar central y da resultados. La noticia menos alentadora es que el éxito no llega de la noche a la mañana, ni al día siguiente. Siempre habrá momentos en los que perdamos el control y acabemos en el túnel. Pero incluso en esos momentos, nuestra conciencia está presente y puede tomar el control de la situación. Nos desarrollamos en pequeños pasos, y cada observación consciente es un paso más hacia nuestra meta.

## Realización o caos

Comprender el principio de resistencia y aplicarlo constantemente en la vida cotidiana es un paso crucial en el camino hacia ser un creador. Al reconocer nuestros deseos egoístas y aprender a dejarlos de lado por un momento, dejamos de estar gobernados por nuestro sistema reactivo y dejamos de ser víctimas. Éste es el nivel superficial y mundano que podemos comprender con nuestra mente. La Cábala reconoce un nivel más profundo donde se vuelve evidente la importancia de utilizar la resistencia.

Podemos ilustrar este mecanismo con el ejemplo de una bombilla. Una bombilla consiste en un filamento que conecta dos polos: un polo negativo, lleno de abundancia con un número infinito de electrones, y un polo positivo, que carece de electrones. Según una ley de la naturaleza, siempre se busca equilibrar la carencia, pasando del polo negativo al positivo. Podemos observar este principio en todos los niveles de la vida: siempre va de la abundancia a la carencia, y éste es el principio fundamental de la existencia. Si permitimos que todos los electrones fluyan de negativo

54

a positivo al mismo tiempo, se produce una especie de explosión. La luz brilla intensamente durante un breve momento, pero luego se apaga. A esto lo llamamos un cortocircuito. Para generar luz de manera continua, es necesario utilizar una resistencia. En una lámpara incandescente, la resistencia es un filamento tan delgado y fuerte que las partículas sólo pueden pasar a través de él una por una. Esto crea fricción, el calor hace que el filamento brille y se genere luz. El factor decisivo es, por tanto, el uso de una resistencia. La luz sólo brilla cuando una resistencia frena la acción impulsiva.

Si aplicamos esta imagen a los seres humanos, producimos cortocircuitos cada vez que no ofrecemos resistencia y dejamos que nuestras emociones y necesidades momentáneas nos guíen sin reflexión. De esto se pueden extraer dos conclusiones: si nos dejamos llevar por nuestras emociones, podemos experimentar una satisfacción a corto plazo, pero no una realización verdadera a largo plazo. El reloj de la historia anterior puede darme sensaciones agradables durante unos días, y un estallido de ira puede proporcionar satisfacción momentánea, pero el hecho de que nuestras necesidades espontáneas estén satisfechas no garantiza que experimentemos la plenitud en la vida, al menos no de esta manera.

El ejemplo de la bombilla también aclara el principio subyacente. La gratificación inmediata produce una breve chispa de luz, pero no una luz duradera. Sólo el uso de una resistencia proporciona luz duradera y, por tanto, plenitud en sentido figurado. La segunda conclusión es menos evidente. Al igual que se produce un cortocircuito en una bombilla si no hay resistencia entre los polos de abundancia y carencia, en el plano espiritual generamos una energía que los cabalistas denominan «energía del caos».

La energía del caos es una fuerza descontrolada que tarde o temprano se manifiesta en nuestra realidad como un acontecimiento desagradable, ya sea una enfermedad o un conflicto. Puede imaginarse como una carga energética que se acumula hasta que finalmente se descarga. Esta energía es el resultado de acciones sin resistencia, que se propaga de manera no visible ni perceptible inmediatamente en nuestra esfera de influencia y se adhiere a nuestro aspecto físico. Podemos generar energía del caos durante meses o incluso años sin darnos cuenta.

La energía del caos no se manifiesta necesariamente en el mismo nivel en el que fue producida. Pero llega un momento en que se ha acumulado lo suficiente y se descarga en forma de una discusión, un accidente, una enfermedad o cualquier otro golpe del destino. De hecho, todo lo que llamamos destino es la manifestación física de la energía del caos. A lo largo de nuestra vida, esta energía del caos forma una nube cada vez mayor a nuestro alrededor, que en algún momento se descarga en forma de tormenta. La razón por la que no reconocemos este fenómeno es que no existe una resonancia inmediata con nuestros pensamientos y acciones. La energía del caos no está ligada al espacio ni al tiempo. Si mentimos a alguien o le gritamos, en ese momento puede parecernos útil, porque las consecuencias no son inmediatamente evidentes para nosotros. Nuestro mundo está diseñado de tal manera que existe una pausa entre la causa y el efecto. Si esta pausa no existiera, sentiríamos las consecuencias de inmediato al hacer algo incorrecto, similar a una descarga eléctrica. Si nuestro mundo funcionara así, las personas no tendríamos libre albedrío ni capacidad de elección. En lugar de ello, nuestro comportamiento estaría totalmente condicionado por el miedo y los mecanismos de evitación.

Durante el intervalo que se extiende entre la causa y el efecto, tenemos la oportunidad de ejercer nuestro libre albedrío. Sea cual sea el camino que elijamos, los efectos espirituales no son inmediatamente perceptibles. Sólo la satisfacción a corto plazo se manifiesta de forma inmediata, y por eso la tentación es tan grande. Para invitar a la realización a largo plazo en nuestras vidas, es necesario interponer una resistencia entre el deseo de algo y su consecución.

Si no lo hacemos, pagamos un alto precio porque activamos la energía del caos y la muerte. Los cabalistas explican que Dios creó inicialmente el mundo basado en el principio lineal de causa y efecto, ilustrado con la imagen del árbol del conocimiento del bien y del mal. Según este principio, a cada acción le sigue inmediatamente una reacción. Sin embargo, los seres humanos no seríamos capaces de sobrevivir bajo este principio, ya que constantemente cometemos errores, actuamos de manera reactiva, provocamos cortocircuitos, y por lo tanto, sufriríamos las consecuencias de inmediato en forma de castigo, enfermedad o muerte.

Por esta razón, el Creador añadió después el principio del tiempo. Esto se describe en la historia del Diluvio y sus supervivientes. Lo que sucede aquí es esencialmente un acto de gracia divina, ya que se nos da la oportunidad de corregir lo que hemos roto (la causa) antes de que el efecto se materialice. El hecho de que exista un lapso de tiempo entre la causa y el efecto puede resultar confuso, porque no reconocemos inmediatamente las conexiones. Sin embargo, durante este tiempo se nos brinda la oportunidad de corregir nuestro comportamiento reactivo.

# IV. Yo, yo, yo

## Dar es un regalo

Después de conocer la herramienta cabalística de la resistencia, surge la pregunta crucial: ¿Cómo nos convertimos en creadores? La propia palabra «Cábala» nos da la respuesta, ya que significa «recibir para dar». Éste es nuestro propósito: aprender a dar incondicionalmente. Sin embargo, muchas personas encuentran esto extremadamente difícil, porque nuestra conciencia corporal está orientada hacia obtener algo, y obtenerlo sólo para nosotros. Por eso, una voz interior nos recuerda constantemente que busquemos nuestro propio beneficio, a menudo sin que nos demos cuenta.

*Recuerdo que mi novia es muy friolera. Para hacerla feliz, durante un invierno frío le compré un jersey de cachemira. Cuando se lo regalé, estaba encantada y se lo puso de inmediato. Pero al día siguiente, me lo devolvió diciendo que no podía aceptar un regalo tan caro. En ese momento, mi sistema reactivo se activó. Me sentí rechazado y me enfadé. Y cuanto más justificaba su decisión, más duras se volvían mis palabras. Lo que comenzó como un gesto amoroso se convirtió en una discusión en toda regla y en un debate fundamental sobre el dinero. Aunque le había hecho un regalo, mi verdadera motivación había sido mi deseo de que me apreciara y me quisiera.*

Si queremos ser creadores, debemos aprender a dar por el simple hecho de dar. Dar es una herramienta que despierta en nosotros la conciencia del Creador, porque esa es la cualidad que lo caracteriza. Sin embargo, esta herramienta no es fácil de usar porque hay una entidad dentro de nosotros que no está interesada en que aprendamos a utilizarla.

## Un alborotador

¿Qué nos impide controlar conscientemente nuestras emociones y dar algo a los demás sin esperar nada a cambio? Son pensamientos como: «¿Qué gano yo con esto? Si doy algo a los demás, tendré menos para mí. Además, podría necesitarlo mañana». Esta voz interior se preocupa de que nos aferremos a todo lo que recibimos. La Cábala se refiere a ella como el «adversario» o «Satán», que en hebreo significa «el que perturba».

¿Quién es el que nos perturba? Es el cuerpo, la parte de nosotros que siente la carencia y expresa las necesidades. También es el centro de nuestros deseos emocionales: amor, afirmación y reconocimiento. El cuerpo quiere tener y conservar. Pero querer dar y querer conservar son deseos opuestos que no pueden satisfacerse al mismo tiempo. Esta comprensión es crucial porque nos permite llegar a la conclusión lógica de que la parte de nosotros que detiene el ciclo de la vida recibiendo y guardando sólo para sí misma es la que causa problemas en nuestro camino hacia el nivel de la creación.

Los cabalistas explican que durante los primeros ocho días de vida de un bebé, se libra una gran lucha entre la conciencia del alma, que acaba de encarnarse en este cuerpo, y la conciencia del cuerpo, que acaba de nacer. El alma viene del infinito inmortal a este cuerpo limitado y necesitado. Esta batalla entre las dos formas de conciencia dura hasta el octavo día de vida, cuando se firma una especie de tratado de paz. Sin embargo, la batalla continúa durante toda la vida: es la lucha entre la conciencia del infinito y la inmortalidad por un lado, y el aferramiento al egoísmo y la muerte por otro.

Un término para nuestra parte egoísta e interesada es «ego». El ego nos impide resistir porque lo quiere todo aquí, ahora e inmediatamente. Estamos tratando con un mecanismo extremadamente inteligente, porque el poder que necesitamos para vencer reside dentro de nosotros. El ego es el adversario más poderoso que podemos enfrentar. Es el amo de nuestros sistemas físicos y emocionales durante 24 horas al día, siete días a la semana, 365 días al año. Nunca se toma un fin de semana libre ni se va de vacaciones. De hecho, se va de vacaciones con nosotros. Cuanto más espacio ocupa en nuestras vidas, menos satisfacción experimentamos. Sin embargo, al superar el ego, reforzamos nuestra conexión con la fuente espiritual.

## Ego - El mal bueno

Desde una perspectiva superior, reconocemos que nuestro ego es el desafío que debemos superar. Desde la óptica del Creador, el ego es el compañero de entrenamiento necesario para alcanzar nuestra meta. Nos tienta a ser reactivos, pero al mismo tiempo nos ofrece la oportunidad de activar la resiliencia y experimentar la plenitud. El ego es tanto un oponente como un entrenador, dependiendo de cómo lo miremos. Al igual que un atleta necesita pesas para mejorar su rendimiento, nosotros necesitamos al ego como compañero de entrenamiento.

Los futbolistas de élite entrenan su rendimiento tirando de un gran peso mientras corren, entre otras técnicas. Así adquieren la capacidad de recuperación que necesitan, por ejemplo, cuando un rival les agarra la camiseta justo cuando van a chutar el balón a la portería. Las pesas durante el entrenamiento aseguran que el futbolista pueda rendir al máximo posteriormente. Del mismo modo, el ego, al igual que el peso, actúa como adversario y compañero de entrenamiento.

Para un corredor de maratón, el adversario y compañero de entrenamiento no es el asfalto ni los 42 kilómetros, sino su propio límite personal que alcanza mientras corre. Es el momento en que el corredor siente que no puede continuar. Superar este punto tan personal es esencial. Si lo logra, tras la línea de meta le espera la plenitud absoluta. A nivel físico, esto se manifiesta en la liberación de endorfinas, las conocidas hormonas de la felicidad.

Para entrenar nuestros músculos o nuestra resistencia, necesitamos resistencia, ya sean pesas, límites personales o tiempos de entrenamiento más prolongados. Mientras permanezcamos en nuestra zona de confort, no creceremos. El adversario, en este sentido, es siempre el compañero de entrenamiento que necesitamos. Como vive dentro de nosotros, conoce nuestro estado de conciencia actual. Por lo tanto, los desafíos que nos presenta siempre se corresponden con nuestra situación actual. El adversario siempre está a nuestro nivel.

Así como es importante aumentar continuamente la dificultad en el entrenamiento de fuerza, los desafíos que enfrentamos también crecen en consonancia con nuestro desarrollo personal e interior. Cuanto más avanzamos en nuestro camino espiritual, mayores son los retos. Sin embargo, nunca nos encontraremos con un oponente al que no podamos vencer. Por lo tanto, es una cuestión de conciencia cómo percibimos a este oponente. ¿Es una fuerza que me molesta y obstaculiza, de la que me siento víctima, o lo veo como mi entrenador?

El adversario es duro e inflexible, y no puedo ser más astuto que él. Exige el 100 % de mi atención y la transformación de mi conciencia. Si estoy dispuesto a darlo todo, el adversario se convierte en una fuente de alegría, porque cada vez que lo venzo, crezco un poco más. El adversario me tiende todo tipo de trampas y trata constantemente de obstaculizarme. Sin embargo, si conozco las reglas del juego, puedo vencerlo paso a paso y salir victorioso al final. Y con cada pequeña victoria, doy un paso más hacia la conciencia de creador.

## El maestro de la ilusión

El adversario que llevamos dentro es astuto y tramposo, un maestro en el arte del engaño que nos conoce a la perfección. Conoce nuestros deseos y necesidades, y nos hace creer que siempre tenemos la razón, que siempre hemos actuado de manera correcta. Su ilusión es tan sutil que nos lleva a vivir en la convicción de que somos buenas personas y de que hacemos todo bien. Si no logramos ver a través de esta ilusión, nuestras posibilidades de transformación son escasas.

La realidad es mucho más vasta de lo que podemos percibir, pero el ego vive completamente en el mundo ilusorio de los cinco sentidos. Aunque sólo es el jefe de nuestro sistema emocional reactivo, se comporta como si fuera el líder absoluto y nos hace creer que todas las causas de nuestra insatisfacción se encuentran fuera de nosotros: en otras personas o en circunstancias externas como el casero, el jefe, el tráfico o el clima. Mientras mantengamos esta actitud, evitamos responsabilizarnos de nosotros mismos, y por lo tanto, nos limitamos en nuestra capacidad de cambiar nuestra situación.

El ego es lo opuesto a la energía creativa. Está impulsado por la sensación de carencia y un deseo insaciable de acaparar todo lo posible. Nuestro adversario interior está constantemente necesitado y depende de la atención que recibe del exterior. Le gusta la admiración y el poder, y se nutre de lo que presentamos al mundo exterior para obtener reconocimiento, afecto, amor y, no menos importante, poder. Todos vivimos de esto en algún grado. El cuerpo necesita «caricias» en forma de admiración, ya sea a través de masajes, diamantes, coches lujosos, fiestas exclusivas o cenas en restaurantes de moda.

Sin embargo, el ego no es sólo lo que busca ser el centro de atención en una fiesta. El ego también es todo lo que nos incomoda. Todo lo que nos produce incomodidad forma parte de nuestro ego.

La vergüenza, por ejemplo, es un claro indicador de la presencia del ego: «¿Qué pensarían los demás si supieran que en secreto…?» Todos tenemos algo que ocultamos a los demás, preocupados por lo que podrían pensar de nosotros. Siempre se trata de «mí».

El ego se alimenta de la energía que recibe de otras personas, ya sea en forma de retroalimentación positiva o incluso de atención negativa. Un ejemplo típico es el comportamiento disruptivo de un niño en la escuela, que aunque es percibido como negativo, atrae la atención de sus compañeros, profesores y padres. Entre los adolescentes, existe una competencia, consciente o inconsciente, por destacarse y atraer la mayor atención posible. Como adultos, intentamos sobresalir diferenciándonos de los demás para llamar la atención. Esto se manifiesta a través de coches caros, moda de diseñador, relojes exclusivos, joyas extravagantes… todo lo que impresiona a los demás. Cuanto mayor es el ego, más busca una persona esas fuentes de alimento.

Es un error pensar que aquellos con baja autoestima están a salvo del ego. El ego también se manifiesta en frases como «No soy digno de ser amado», «No tengo suficiente dinero», «Mi posición social no es lo suficientemente buena» o «Mis piernas son demasiado cortas». Todo esto indica que el adversario quiere mantenernos sumidos en la negatividad, impidiendo nuestra conexión con el nivel de la creación.

No hay mucha distancia entre la falta de autoestima y el sentimiento de culpa, una herramienta muy eficaz en el arsenal del adversario. Nos sentimos atrapados por la culpa cuando creemos haber actuado mal y causado dolor a los demás. Esto es parte de la vida, pero el problema surge cuando no logramos liberarnos de esos sentimientos de culpa, algo que el adversario utiliza en nuestra contra.

Si, por ejemplo, abofeteé a mi hijo cuando tenía seis años, hoy no puedo cambiar ese hecho. Pero sí puedo reconocer por qué actué de esa manera en su momento. Tal vez lo hice porque sentí que mi autoridad como padre estaba siendo desafiada. No tiene sentido lamentar la ofensa, pero sí es útil reconocer que el deseo de autoridad es un impulso del ego. El deseo de ser una figura de autoridad es un viaje del ego, pero es mucho más valioso ser un modelo a seguir. Si soy un buen ejemplo, no necesito sentirme herido si mi hijo no sigue mi ejemplo; él sigue su propio camino.

Al adoptar una actitud proactiva y observar el mecanismo que me llevó a actuar de manera reactiva, puedo decidir que no necesito el respeto de mi hijo como una necesidad egoísta. En lugar de eso, quiero ser un modelo a seguir para que él me busque como guía. Con este cambio de perspectiva, transformo la energía y evito quedarme atrapado en el remordimiento por acciones pasadas.

## El salón poco iluminado

Mientras caminemos por este mundo con la convicción de que la realidad es tal y como la percibimos con nuestros cinco sentidos, nos sentiremos cómodos en un salón poco iluminado, creyendo que todo va bien. Sin embargo, cuando un rayo de luz entra en la habitación, descubrimos la gruesa capa de polvo sobre los muebles y el montón de basura en un rincón. De repente, nos damos cuenta de lo que está viejo, roto e inservible.

Cuando emprendemos el camino espiritual y la luz entra en nuestras vidas por primera vez, la experiencia puede ser dolorosa y frustrante, ya que nos enfrentamos al caos que nos rodea. Por ejemplo, si soy una persona que evita los conflictos, podría pensar que soy pacífico. Pero esta aparente paz es un truco del ego, que en realidad teme a las críticas y al daño. Así, evito situaciones conflictivas para protegerme, manteniéndome en mi salón poco iluminado y negándome a admitir que el ego gobierna mi vida. Esa habitación poco iluminada me adormece con la ilusión de que soy pacífico, cuando en realidad, lo que me impulsa es el miedo a las críticas.

Cuando finalmente encendemos la luz, el ego entra en acción y nos sugiere que esa nueva visión no es agradable, que la vida es mucho más cómoda con una luz tenue. ¿Quién querría enfrentarse a la suciedad y al desorden cuando puede relajarse en el sofá con un buen libro y una lámpara de lectura? Si nos dejamos llevar por el ego y volvemos a apagar la luz espiritual, el caos en nuestras vidas continuará creciendo, y un día el médico podría diagnosticar un tumor durante una revisión rutinaria, o podríamos llegar a casa y encontrar una nota en la mesa diciendo: «Me voy con Jörg. Adiós». Llamamos a esto destino, pero en realidad es el resultado de vivir en nuestro acogedor salón poco iluminado, ignorando los problemas hasta que se vuelven insostenibles.

El ego no tiene interés en el cambio ni en el crecimiento. Su perspectiva es tan limitada y finita como él mismo. Siempre intentará convencernos de que todo va bien, utilizando el miedo al futuro como una de sus armas más poderosas. Nos susurra que el futuro es incierto y probablemente peor que el presente, por lo que es mejor que todo siga igual. Y es cierto, no podemos experimentar la espiritualidad con nuestros cinco sentidos. No podemos verla, olerla, saborearla, oírla o tocarla, así que el ego insiste en que no existe. Ésta es su verdad, pero sólo mientras permanezcamos en el nivel limitado de los cinco sentidos, en el mundo del ego.

En cuanto ampliamos nuestra conciencia, empezamos a ver las conexiones más amplias. Por ejemplo, en la zona de Chernóbil, tras el desastre nuclear de 1986, aún viven personas que no son conscientes de los peligros de la radiación porque es invisible. Sólo años después, las consecuencias se manifiestan en forma de enfermedades graves, aunque la radiación en sí sigue siendo imperceptible. Un equipo de televisión alemán documentó a las personas que viven allí, y una anciana afirmaba vehementemente que los peligros de la radiación eran sólo propaganda para expulsar a la gente de sus tierras. Incluso cuando el reportero usó un contador Geiger para mostrar que la hierba estaba contaminada, la mujer no lo creyó. Para ella, la radiactividad no existía porque no podía percibirla.

De manera similar, todos vivimos como la mujer del granjero, confiando únicamente en nuestros cinco sentidos. El mayor engaño del ego es hacernos creer que no existe. Nos lleva a pensar que nuestras vidas están determinadas por el destino y el azar, ocultando la existencia de una mano guía que lo dirige todo.

## Las localizaciones del ego

Podemos comparar el ego con la oscuridad. La oscuridad se define exclusivamente por la ausencia de luz, y de manera similar, el ego no tiene energía vital propia, sino que vive únicamente de nuestro sistema reactivo y de la falta de

Conciencia Creadora. Cada vez que reaccionamos, alimentamos a nuestro adversario; cada vez que somos proactivos, le quitamos poder. Nuestra conciencia tiene la capacidad y el poder de decidir si nuestro ego se fortalece o si le aplicamos una dieta de adelgazamiento. Antes de emprender esta cura, es útil reconocer las principales localizaciones del ego.

## La escena de la ira y la rabia

Todos hemos experimentado situaciones en las que nos hemos enfadado con otras personas. El tráfico es un escenario perfecto para que el ego se manifieste: ya sea el conductor que acelera temerariamente por la autopista, pegado a nuestro parachoques con las luces altas encendidas, o el anciano que circula a 80 kilómetros por hora por el carril de la izquierda. Esto se extiende también al lugar de trabajo, donde a menudo se forman facciones que se enzarzan en batallas diarias, llenas de motivos para la ira y la rabia. Las disputas familiares tampoco se quedan atrás; las relaciones tensas con la madre, la suegra o la tía gruñona son un campo fértil para el ego. Aunque estas disputas no siempre terminan en actos extremos, cada vez que perdemos el control de la situación, nos convertimos en víctimas. Esto ocurre cuando buscamos la causa de nuestra ira en el exterior y no reconocemos nuestra propia participación en lo que está sucediendo. Sin esta introspección, no hay posibilidad de cambio ni desarrollo, sólo nos revolcamos en nuestra ira, culpando a los demás sin que eso nos haga sentir mejor. El ego, por otro lado, se alimenta de esta dinámica, como el personaje de Rumpelstiltskin que salta y grita: «Menos mal que nadie sabe que me llamo Rumpelstiltskin». El poder de Rumpelstiltskin residía en que nadie conocía su nombre; lo mismo sucede con nuestro ego. Mientras no sepamos cómo funciona, no podremos controlarlo. Sólo al identificar la ira como una manifestación del ego, podemos empezar a superarla. Aquí es donde entra en juego la señal de «stop», que nos invita a hacer una pausa y permitir que la luz fluya en nuestra conciencia, ampliando nuestra perspectiva y permitiéndonos ver más allá de las limitaciones del ego.

### La ausencia de amor: el escenario del odio

Después de la ira y la rabia, el siguiente paso es el odio. La mayoría de las personas creen que están libres de este sentimiento mientras no albergue el deseo de matar. Sin embargo, el odio es como la oscuridad: la ausencia de luz, y en este caso, la ausencia de amor. Mi maestro, Rav Berg, explica que todo lo que no es amor incondicional ya es el principio del odio. Si entendemos el amor y el odio como opuestos, el amor sólo es tal si es incondicional. En el momento en que está ligado a condiciones, deja de ser amor y se convierte en una transacción. Por lo tanto, todo lo que no es amor incondicional ya contiene las semillas del odio.

Al principio, puede parecer difícil de aceptar. Una voz interna puede cuestionarlo: «¿Cómo puedo amar incondicionalmente a todo el mundo? Hay personas que simplemente no me agradan». Sin embargo, cuanto más estudiaba la Cábala, más comprendía que se trata de entrenar nuestra conciencia. Cada persona que encontramos es parte de la creación, incluso el vecino gruñón. Si me percibo como un ser separado, mi conciencia es limitada, pero al transformar mi conciencia, empiezo a ver más allá de mis propios intereses y reconozco una conexión más profunda con todo lo que me rodea. Amar incondicionalmente no significa que debamos invitar a cenar a quien nos resulta antipático, sino romper con la idea de que no tenemos nada que ver con los demás. El objetivo de nuestras vidas es ser conscientes del Creador, y una manera de alcanzar esta conciencia es aprender a amar más y a odiar menos cada día. Cuanto menos esperemos algo a cambio de lo que damos, más nos acercaremos a la Conciencia del Creador, que es amor incondicional y entrega incesante. Cada vez que reconocemos nuestras condiciones y conscientemente nos separamos de ellas, damos un paso más hacia esa Conciencia.

## Cadena de oro en el pecho de un hombre peludo: la escena del juicio

Si crees que no eres una de las personas más críticas del planeta, te equivocas. El grado en que juzgamos es gigantesco. Juzgamos a todas las personas que conocemos. Juzgamos constantemente, de la mañana a la noche, sin parar.

*Antes de empezar a trabajar en una empresa de seguridad aeroportuaria, tuve que completar un programa de formación de dos semanas en el extranjero. No sabía nada del contenido. Sólo sabía que tenía que estar en el aeropuerto el miércoles a las 9:00 y que otro participante volaría conmigo.*

*Me presenté una hora antes de la salida, facturé y esperé a mi compañero de viaje. Cuarenta minutos antes de la salida, seguía sin haber nadie. Treinta minutos antes, no había ningún cartel, a pesar de que los mostradores normalmente cierran treinta minutos antes de la salida. De repente, un tipo con la cabeza de un rojo intenso se acercó corriendo al mostrador y se identificó como el pasajero en cuestión. Lo primero que me llamó la atención fue su camisa abierta, mostrando un pecho poblado de vello y una cadena de oro con un gran colgante. Mi juicio se hizo en milésimas de segundo: «Idiota, llega tarde, necesita llevar una cadena de oro en el pecho, mujeriego, fanfarrón, machista, la última persona con la que quiero tener algo que ver».*

*La suerte quiso que tuviera que pasar las dos semanas de entrenamiento en la misma habitación que este tipo. Hoy somos los mejores amigos.*

Hacemos juicios automáticamente. Psicológicamente hablando, nuestra capacidad de juzgar es un medio de categorizar nuestro entorno, un mecanismo que necesitamos para sobrevivir: quién está a mi favor, quién está en mi contra y quién es neutral. Éste es el nivel inconsciente. Si utilizamos nuestra conciencia, tenemos la oportunidad de darnos cuenta de nuestros procesos de juicio y, posiblemente, revisarlos. ¿Es realmente un machista? ¿Y yo qué tengo que ver con eso? ¿Por qué me molesta la cadena de oro que lleva en el pecho? En este caso, el proceso de toma de conciencia comienza con la pregunta: ¿Qué es lo que realmente me molesta de esta persona? ¿Por qué me parece arrogante y superficial? ¿Sólo porque lleva un collar y enseña el vello del pecho? Lo juzgo porque me provoca algo, porque crea en mí la imagen de que nunca quiero verme así.

Entonces, tiene algo que ver conmigo. Si pudiera pasearme así, habría ganado la batalla contra mi ego, porque habría superado la vergüenza y la imposibilidad de presentarme de esa manera. Gran ejercicio. ¿No puedes soportarlo? Ábrete la camisa, cuélgate una cadena de oro con un enorme colgante de tigre y pasea así por la ciudad. Supera tu vergüenza. Al cabo de dos horas o dos semanas, se habrá acabado, y tu ego estará derrotado, al menos en ese momento. Entonces, podrás volver a quitarte el collar, y el juicio sobre los hombres que lucen así se habrá transformado. La voz del juicio se habrá acallado.

Cuanto más riguroso es nuestro juicio, mayor es la proporción del ego que esa persona nos refleja. Si, inconscientemente, consideramos a alguien arrogante y condenamos esta arrogancia, esto dice principalmente algo sobre nuestra propia arrogancia. Cada persona que rechazamos es un espejo de nuestras partes egoístas. El hecho de que nos enfademos por ello demuestra que no somos conscientes de esa parte en nosotros. Sólo cuando la reconocemos y la eliminamos dentro de nosotros dejamos de enfadarnos por la otra persona. Entonces seguimos viendo arrogancia, egoísmo y odio, pero ya no nos afectan. Sólo nos enfadamos por lo que albergamos inconscientemente en nuestro interior. «No puede compararse conmigo…»

### La escena de la arrogancia

*Tuve una clienta que acudió a mí porque no encontraba pareja. Era una mujer excepcionalmente bella y simpática que trabajaba como azafata. La razón aparente de su dificultad para establecer una relación era su trabajo, con sus horarios irregu-*

*lares. Sin embargo, con el tiempo, nos acercamos a la verdadera causa: en el fondo, ella creía que ningún hombre estaba a su altura debido a su belleza y excepcionalidad. Al darse cuenta de esta arrogancia interior, se sintió profundamente avergonzada y se retrajo durante semanas. Sin embargo, la vergüenza es sólo otra manifestación del ego, al igual que la arrogancia, pero en el extremo opuesto. «¿Qué pensarían los demás de mí si supieran que soy tan arrogante?» De nuevo, el foco está en uno mismo: yo, yo, yo.*

Una vez que superó este nivel y reconoció que, aunque era guapa y divertida, eso no la hacía superior a los demás, no tardó en encontrar pareja. Los sentimientos de arrogancia son el terreno favorito del ego. Son la antítesis de los sentimientos de inferioridad y reflejan que, para el ego, lo más importante es cómo nos perciben los demás. El ego vive de la aprobación externa y busca constantemente la mayor admiración y reconocimiento posibles. En consecuencia, nos encontramos evaluando cómo nos juzgan los demás y, al mismo tiempo, nos controlamos y juzgamos a nosotros mismos.

Un grado saludable de autocontrol es necesario para mantenernos equilibrados, evitando tanto la sobrevaloración como la infravaloración de nosotros mismos. Sin embargo, cuando este autocontrol es excesivo, nos lleva a sentir que no somos lo suficientemente buenos, que no lucimos bien, o que nuestro rendimiento es inadecuado. Comprender estos mecanismos y darnos cuenta de que nos mantienen pequeños e impiden que alcancemos la conciencia de creador es un paso decisivo hacia la transformación.

## *Miedo al futuro: el terreno de la duda*

Una de las armas más devastadoras del ego es la duda. Todos estamos familiarizados con sentimientos de incertidumbre, miedo al futuro y la falta de confianza en que todo saldrá bien. Cuanto más importante es la situación, mayor es el miedo y la duda. Pero al igual que la oscuridad sólo se puede disipar con luz, la duda sólo se puede vencer con certeza. No podemos vencer la duda con lógica o control, sino con la certeza, que es el alma gemela de nuestra conciencia.

Podemos crecer en la confianza de que somos parte del Uno divino. En esta conciencia, no hay lugar para la duda. Somos criaturas de Dios, y en este sentido, la imagen de Dios como Padre es perfectamente comprensible. Él vela por nosotros con amor. Somos guiados y protegidos, pero la conexión es a través de la conciencia, no de la mente. La mente, comandada por el ego, busca controlarlo todo, por eso existen las pólizas de seguro, las pensiones, las predicciones y las estadísticas. La certeza, por otro lado, significa confiar en que todo lo que nos sucede es exactamente lo correcto para nosotros en ese momento. Esto no implica que siempre sea agradable o lo que esperábamos, pero si confiamos en que es lo adecuado y que enriquecerá nuestro viaje personal, podemos superar las dudas, los miedos y la incertidumbre.

## Su compromiso

Es mucho más fácil reconocer el ego en los demás que en nosotros mismos. Mientras leías las descripciones de este capítulo, probablemente pensaste en suficientes ejemplos de tu entorno para cada una de las localizaciones del ego. Sin embargo, es crucial que reconozcas estas partes también en ti mismo. Ésta es una de las razones por las que vivimos en sociedad: nuestros semejantes reflejan las partes de nuestro ego que aún tienen poder sobre nosotros y nos muestran dónde seguimos siendo víctimas y no creadores. Éste es el gran regalo de las relaciones interpersonales: nos dan la oportunidad de reconocer, trabajar y transformar nuestras propias partes del ego.

Este proceso de toma de conciencia, en el que el ego queda al descubierto, es un trabajo arduo. No se produce por sí solo ni de la noche a la mañana. Parte de este proceso consiste, en primer lugar, en darnos cuenta de que tenemos un ego; en segundo lugar, en afrontar la verdad de que lo encontraremos en cada uno de estos puntos; y en tercer lugar, en buscar a alguien cercano que esté dispuesto a decirnos honestamente en qué aspectos aún necesitamos transformarnos. El deseo más importante debe ser el de desarrollarnos y transformarnos. El ego es lo único que se interpone entre nosotros y la Conciencia Creadora. Mientras veamos al ego como un componente de nuestra personalidad o incluso como su componente principal, no podremos ni transformarlo ni deshacernos de él.

Nuestro ego se expresa en nuestros pensamientos, palabras y actos. Está presente en nuestros juicios, en nuestra arrogancia, en lo que no nos gusta y en lo que nos enfada. Este trabajo de concienciación no es fácil y requiere más que sólo leer este libro.

El camino hacia la conciencia divina tiene muchas etapas. Una de las primeras es reconocer hasta qué punto albergamos partes negativas y egoístas en nosotros mismos. Para ello, no es necesario un terapeuta. Sin embargo, un maestro o un grupo de trabajo pueden ser de gran ayuda si realmente quieres dar pasos concretos hacia la realización.

## UN PEQUEÑO EJERCICIO

Reflexiona sobre las partes de tu ego. ¿Cuáles son tus juicios? ¿Dónde se manifiesta tu arrogancia? ¿Con quién tienes conflictos? Tal vez sea con tu suegra, porque interfiere constantemente en tu vida, lo que indica un problema de control. O con tu pareja, porque te critica constantemente, revelando un problema de ego: no soportas las críticas. O quizás con tus compañeros de trabajo, porque sientes que son incompetentes y terminas cargando con la responsabilidad de todo, lo que refleja tanto control como arrogancia.

Tómate un momento para escribir lo que has descubierto. Reconoce tus propios problemas: la falta de fiabilidad, la impuntualidad, la deshonestidad. Todos estos son problemas que tienen que ver contigo. Comienza ahora tu proceso de transformación. Al escribir sobre tus problemas, evita frases como «Mi suegra es insoportable». En su lugar, escribe: «Me cuesta lidiar con la necesidad de control de mi suegra. No tolero bien las críticas de mi pareja. Soy yo quien se cree mejor que los demás».

## Una pequeña historia sobre el poder del ego

*Hace unos cientos de años, en Europa del Este, vivían dos hermanos rabinos que viajaban por el país difundiendo las enseñanzas cabalísticas. Un día, uno de los hermanos se encontró en un pueblo donde un grupo de novios estaba deprimido. Al preguntarles qué sucedía, la madre de la novia explicó que la dote de su hija había desaparecido. En aquella época, era costumbre que la novia aportara dinero al matrimonio mientras que el novio contribuía con sus conocimientos espirituales, adquiridos mediante el estudio de la Torah. Este dinero era esencial para asegurar la supervivencia de la pareja.*

*El rabino preguntó con detalle sobre la cantidad de billetes y cómo estaban empaquetados. Aunque la madre se sorprendió por la precisión de la pregunta, le dio la información. El rabino prometió buscar el dinero, y efectivamente, tres horas después regresó con un fajo de billetes en la mano y exclamó: «Lo he encontrado, podéis celebrar la boda». Hubo una gran alegría, pero el rabino detuvo a la gente y dijo: «Quiero una comisión del 30 %». Indignados, los presentes se preguntaron cómo podía el rabino exigir un tercio del dinero de la joven pareja. Si hubiera pedido una pequeña recompensa, lo habrían entendido, pero ante tal demanda, lo golpearon. Días después, el rabino se encontró con su hermano, quien le preguntó por qué estaba tan maltrecho. El rabino relató lo sucedido y explicó: «Cuando supe que habían perdido su dinero, entendí que Dios me había enviado para ayudarles. Llevaba la dote de mi propia hija, que había ahorrado con esfuerzo para su boda. Vi la oportunidad de dar, entregando a esa familia desconocida el dinero que tanto me había costado aho-*

*rrar. Fui a una casa de cambio para que los billetes coincidieran exactamente con el dinero robado. Pero a cada paso, mi ego crecía, inflándose de orgullo. Me di cuenta de que sólo crearía caos si no lo detenía de inmediato. Por eso pedí el 30 % del dinero. La gente no me agradeció, ni me alabó, ni me consideró justo; al contrario, me golpearon. Pero logré hacer la buena acción sin inflar mi ego».*

# V. El Zohar - Libro sapiencial de la Cábala

¿Has visto esas imágenes fascinantes de surfistas cabalgando las olas en Hawái? Enfrentan un desafío enorme y utilizan la fuerza de las olas para terminar deslizándose sobre ellas, como soldados de fortuna. Podemos aplicar esta imagen a todas las situaciones desafiantes de nuestra vida. Desde un punto de vista cabalístico, los acontecimientos negativos son grandes oportunidades para entrenar nuestra conciencia y alcanzar realizaciones más amplias. Y ese es precisamente nuestro objetivo: activar nuestra conciencia creadora en cada situación y salir victoriosos.

Si aplicamos esta imagen, cada situación desagradable es una ola que nos desafía a utilizar su energía. Pero para aceptar el reto, necesitamos herramientas, al igual que el surfista necesita una tabla de surf. Sin esa herramienta, caemos fácilmente en el papel de víctimas y nos sentimos impotentes. La conciencia divina a la que aspiramos es una conciencia mucho más elevada que la que conocemos en nuestra vida cotidiana. Es una conciencia de conexión y unidad. Es similar al océano, que está formado por gotas individuales de agua, todas unidas en una sola entidad. Cada gota comparte la misma conciencia que las demás. Del mismo modo, todas las personas llevan la conciencia de unidad en su alma. Sin embargo, vivimos en un cuerpo, y todas las experiencias que tenemos como seres separados son como capas que cubren la conexión entre el alma y la unidad divina.

Para reavivar la conciencia divina en nuestro interior y eliminar estas capas, necesitamos herramientas especiales que sean tangibles y que restauren la conexión con la dimensión espiritual. Una de estas herramientas nos fue dada hace unos 2 000 años: el Libro del Zohar. Zohar significa algo así como «el resplandor» o «el brillo de la luz». Hoy en día, esta obra consta de 23 volúmenes y contiene toda la información sobre la creación, no sólo a nivel espiritual, sino también físico. Describe las leyes que rigen nuestra vida y nos acerca a los mundos espirituales que no son accesibles a través de los sentidos. También incluye consejos prácticos e instrucciones sobre cómo comportarse para finalizar el juego de la vida terrenal como un creador.

Estos son los contenidos intelectualmente comprensibles. El nivel de conciencia del Creador que está contenido en el Zohar es invisible y no puede ser captado por la mente, porque es mucho más que un libro. Cada vez que leemos el Zohar, nos conectamos con el poder divino. Y cuanto más profundizamos en él, más capas que cubren nuestra conciencia divina pueden ser eliminadas. Cuanto más nos involucramos con el Zohar, más crece nuestra conciencia de formar parte de la unidad divina.

## La génesis del Zohar

### Adán

Los textos del Zohar fueron dados a la humanidad por Dios cuando los humanos se manifestaron en el mundo físico. Después de que Adán fue desterrado del Jardín del

Edén y su conciencia divina se transformó en conciencia humana, el Creador le otorgó toda la información necesaria para que pudiera convertirse en un creador. El Zohar menciona que Adán escribió este conocimiento en un libro que nunca fue encontrado. Como antepasado de la humanidad, Adán transmitió estos conocimientos a sus tres hijos: Caín, Abel y Set. El siguiente portador de este conocimiento fue Henoc, también conocido como Enoch, quien es mencionado en el Antiguo Testamento.

## Abraham

El patriarca Abraham desempeña una función clave, ya que fue la primera persona que aplicó este conocimiento y escribió las leyes del universo. Reconoció las conexiones entre los planetas, los signos del zodíaco y los meses, y su influencia sobre las personas. De esta manera, creó el primer sistema calendárico de la humanidad. El calendario hebreo se basa en la Luna porque la posición de la Tierra se asemeja más a la de la Luna que a la del Sol. El Zohar explica que todos los cuerpos celestes y objetos físicos actúan como canales de las fuerzas espirituales. El Sol simboliza el poder masculino del Creador, que da su luz y calor de manera incondicional, mientras que la Luna simboliza el principio receptor. Nuestra alma, al igual que la Luna, sólo puede brillar cuando refleja la luz. Esto significa que sólo podemos revelar la luz cuando activamos el pilar central y, por tanto, la resistencia, es decir, la luz reflectante.

La Luna juega un papel central en los eventos espirituales de la Tierra. Por ejemplo, cada Luna nueva marca el comienzo de un nuevo mes y, por lo tanto, el inicio de un nuevo ciclo. Durante este tiempo, somos capaces de controlar la energía del nuevo mes. Abraham reconoció estas conexiones y las registró para nosotros. También descubrió la relación entre ciertas letras hebreas y los signos del zodíaco, y desarrolló conceptos para que las personas pudieran elevarse por encima de las fuerzas de la realidad mediante este conocimiento. Escribió sus descubrimientos en el «Sefer Yetzirah» o «Libro de la Creación», uno de los fundamentos de la Cábala. Este libro contiene información sobre cómo cada persona puede seguir el camino de la transformación, desde la conciencia de la dualidad hacia la conciencia de la unidad.

### La prueba de Abraham

Abraham fue el primer ser humano que reconoció a Dios como el único gran poder que está por encima de todo y lo contiene todo. No nació con esta conciencia; su proceso de toma de conciencia se desarrolló en diez etapas, descritas en la Torah como las diez pruebas que tuvo que superar. Estas pruebas le permitieron conectar cada vez más con el Creador. La última y más conocida es la prueba del sacrificio de su hijo Isaac.

El proceso de transformación de Abraham comenzó con el deseo de recibir y culminó con el deseo de recibir para dar. La prueba más difícil de todas fue probablemente «dar» a su propio hijo. No hay mayor prueba que ésta. A nivel superficial, la historia puede parecer difícil de entender: Isaac, un joven fuerte, se deja atar y colocar sobre un altar por su anciano padre. Además, es difícil imaginar a un Dios que exija a un hombre que mate a su hijo para probar su fe. La Cábala tiene una respuesta a estos hechos aparentemente ilógicos.

Abraham representaba la manifestación de Hessed, la gracia, en el plano físico. Isaac, por su parte, representaba Guevurah, el juicio, la ejecución y la muerte. En el plano espiritual, siempre ha existido una lucha entre el pilar derecho (gracia) y el pilar izquierdo (juicio). Abraham e Isaac, al manifestar estas energías en la Tierra, sabían que la única solución era crear el pilar central. Para hacerlo, la gracia debía domar el juicio. Este es el simbolismo subyacente de la atadura de Isaac.

### Jacob y el pilar central

La historia continúa con el nacimiento de los hijos de Isaac: Esaú y Jacob. Esaú, como primogénito, representaba el pilar izquierdo, mientras que Jacob, el segundo hijo, era el portador de la energía del pilar central. Sin embargo, Jacob tuvo que ganarse este papel, y una de sus pruebas fue la lucha con el Ángel de la Muerte. Según la Torah, fue una batalla, pero la Cábala aclara que no fue física, sino una batalla en la conciencia. Jacob luchó para mantener su conciencia de unidad y divina.

Cuando terminó la noche y amaneció, el ángel, incapaz de mantenerse, se rindió. Jacob le preguntó su nombre, lo que puede parecer ilógico a primera vista. Sin embargo, no podemos controlar algo que no podemos nombrar; nombrar algo permite captarlo y controlarlo con nuestra conciencia. Aunque el ángel se negó a revelarlo, Jacob le exigió una bendición, sabiendo que si el ángel lo bendecía, todos sus descendientes tendrían la capacidad espiritual de derrotar al Ángel de la Muerte en su ADN espiritual. El ángel accedió a la petición de Jacob y lo bendijo, cambiando su nombre de Jacob, que significa «el que sigue a su hermano», a Israel, «el que lucha con Dios y se convierte en uno con Él». En ese momento, Jacob-Israel se convirtió en el canal del Pilar Central, y fue entonces cuando la humanidad obtuvo la oportunidad de completar el proceso de corrección. Jacob-Israel engendró doce hijos, quienes, en la realidad física, son los antepasados del pueblo de Israel.

La historia bíblica continúa con la narración de una grave hambruna en la tierra de Israel, que llevó a Jacob a emigrar a Egipto junto con sus hijos y sus familias. Allí, fueron esclavizados durante 400 años. La esclavitud terminó con el nacimiento de Moisés, quien nació en Egipto y creció como príncipe en el palacio del faraón. De joven, Moisés tuvo su primer encuentro con el Creador, quien le ordenó liberar al pueblo de Israel de la esclavitud. Así comenzaron los años de las doce plagas y el milagroso cruce del Mar Rojo.

Después de cruzar el Mar Rojo, el pueblo de Israel emprendió una larga marcha hacia el monte Sinaí, donde tuvo lugar el encuentro único entre Dios y el pueblo de Israel. Todos los acontecimientos anteriores fueron sólo preparativos para este momento trascendental. En el monte Sinaí se celebró una boda simbólica: la unión del poder divino del Creador con el pueblo de Israel, el cual representaba a la novia, la parte receptora, mientras que la Torah, como portadora del poder masculino y dador del Creador, era el novio.

Para consumar esta unión, las 600 000 personas presentes debían convertirse en un solo corazón y una sola alma, porque sólo en este estado podían experimentar la Torah con todos sus órganos sensoriales y extrasensoriales de percepción. Moisés fue el guardián que facilitó esta conexión. Su conciencia era tan elevada que se asemejaba a la del Creador, permitiéndole comunicarse directamente con Él.

Después de pasar 40 días y 40 noches en la montaña, Moisés regresó con las tablas de piedra en las que se habían tallado los Diez Mandamientos, proporcionando al pueblo una herramienta física con la que podían controlar la realidad. Los Diez Mandamientos no sólo se aplican al pueblo de Israel, sino a todos los pueblos del mundo, ya que son las leyes morales fundamentales de todos los sistemas sociales. Sin embargo, son mucho más que simples mandamientos; son secuencias de letras y palabras que representan toda la energía de la Torah. Con los Diez Mandamientos, se revelaron diez niveles de luz que contienen todas las energías necesarias para la vida.

Los Diez Mandamientos son la esencia de la Torah. Abraham, Isaac y Jacob simbolizan los pilares de la comprensión de que las personas no tienen por qué ser víctimas de su realidad, sino que pueden convertirse en sus creadores. Sin embargo, la única persona que recibió todo el conocimiento sobre el contenido de la Torah directamente de la fuente fue Moisés. Él fue la única persona en la historia de la humanidad que pudo comunicarse cara a cara con el Creador durante los 40 días y 40 noches en el monte Sinaí. Como mediador, Moisés transmitió el conocimiento divino al pueblo de Israel entregándoles los Diez Mandamientos. Sin embargo, los secretos del universo se presentan aquí de manera codificada, en forma de mandamientos y prohibiciones que, al igual que toda la Torah, no deben ser entendidos sólo en su sentido literal.

## Rabí Shimon Bar Yojai

Moisés recibió tanto la Torah escrita como el conocimiento de la Cábala en el Monte Sinaí. Las tradiciones cabalísticas permanecieron ocultas hasta aproximadamente 200 años después de Cristo. La primera persona que comenzó a descifrar el conocimiento codificado en la Torah fue el rabino Shimon Bar Yojai. Vivió en una época en la que Roma era una potencia mundial. Los romanos, sospechando del poder de la Cábala, ordenaron la ejecución de todos los líderes espirituales del pueblo de Israel. Rabí Shimon Bar Yojai logró escapar a una cueva junto con su hijo Rabí Eleazar. En esa cueva, fueron instruidos durante doce años por Moisés y el profeta Elías sobre los secretos codificados en la Torah. El resultado fue el Zohar que conocemos hoy. Después de esos doce años, el proceso de transmisión del Zohar se completó, y padre e hijo abandonaron la cueva. Algún tiempo después, Rabí Shimon Bar Yojai reunió a diez discípulos elegidos en la cueva de Idra Raba, quienes se convirtieron en los portadores de este conocimiento y lo transmitieron a su vez.

Todos los tzadikim, personas que han alcanzado la conciencia divina, pueden anular la naturaleza y determinar el momento de su propia muerte, por lo que Rabí Shimon Bar Yojai abandonó el mundo terrenal voluntariamente el día de su cumpleaños, hace aproximadamente 2 000 años.

Durante mucho tiempo, este conocimiento se mantuvo oculto y sólo fue transmitido a unos pocos elegidos, ya que la mayoría de la gente de la época no lo habría comprendido de todos modos. Por ejemplo, ¿qué habrían hecho con la información de que la Tierra es una esfera con dos polos que giran, y que así se producen las diferentes horas del día y de la noche, así como las estaciones? Todo esto y mucho más está en el Zohar, pero la humanidad primero tuvo que madurar lo suficiente para poder absorber esta información.

## El Ari

A mediados del siglo XVI encarnó una alma extraordinaria: el rabino Isaac Luria Ashkenazi, conocido como el santo Ari. Él también descifró el Zohar y, por primera vez, presentó el conocimiento de una manera que pudiera ser comprendida no sólo por los iniciados. Además, descifró el código matemático y reveló las conexiones dentro de la Torah. Fue él quien nos proporcionó el conocimiento de la numerología, demostrando matemáticamente las conexiones dentro de la estructura textual basándose en los versículos y en el uso de las letras para los distintos nombres. Las matemáticas, siendo el lenguaje del universo, pueden ser comprendidas por la mente. A cada una de las 22 letras hebreas se le asigna un número, y con estos valores se pueden hacer cálculos y asociaciones que no son evidentes a simple vista. Por ejemplo, la palabra hebrea para «Amén» tiene el valor numérico de 91, al igual que las palabras «Dios» y «altar», entre otras. Esta conexión numérica sugiere una relación en términos de energía y contenido. Al igual que Rabí Shimon Bar Yojai, el Ari reunió a un pequeño grupo de discípulos que a su vez transmitieron sus conocimientos a unos pocos elegidos. Una vez concluida su obra, también él abandonó el mundo el día de su cumpleaños, a la edad de 39 años. Como Rabí Shimon Bar Yojai, el Ari también dejó su obra con la petición de que el conocimiento no se hiciera accesible públicamente.

## Rabí Yehuda Leeb Ashlag

Otra gran alma vivió a principios del siglo pasado: Rav Yehuda Leeb Ashlag. Él revisó la versión del Zohar que Ari había escrito, añadiendo explicaciones. Hoy trabajamos con estos 23 volúmenes. La versión de Rav Ashlag se llama «El Sulam», que significa «escalera». En su introducción, Rav Ashlag habla de una persona que vive en una casa y sólo utiliza los pisos inferiores. En el ático, sin embargo, hay un tesoro inconmensurable. Todo lo que la persona necesita es una escalera para llegar al ático. Por eso Rav Ashlag tituló su libro «Sulam». Rav Ashlag fue el primero en argumentar que el conocimiento de la Cábala debía ser accesible a todas las personas. Levantó el «velo» porque sabía que la sabiduría de la Cábala podía salvar a la humanidad. En 1922, fundó el Centro de Investigación de la Cábala, un centro de investigación que todavía hoy participa activamente en la difusión de la sabiduría cabalística y que cuenta con centros en muchos países del mundo.

## Rabino Berg

Uno de los alumnos de Rav Ashlag fue Rav Brandwein, y su discípulo es Rav Berg, quien sigue vivo y enseñando en la actualidad, siendo también mi maestro. Vivimos en una época única, ya que, gracias a Internet, todo el mundo tiene la oportunidad de conectarse con el conocimiento cabalístico a través de sitios como:

- www.zohar.com
- www.kabbalah.com

# VI. Las herramientas de la creación

El Zohar se basa en los textos de la Torah, que fueron escritos en letras hebreas. Estas letras son especiales porque no fueron originalmente concebidas sólo como la base de un idioma. Las 22 letras hebreas fueron utilizadas por el Creador para crear el mundo material. Cada letra tiene la energía para crear ciertas realidades. Esto es incomprensible para nuestras mentes lineales, pero la realidad es multidimensional. Por lo tanto, es necesario acercarse gradualmente a la sabiduría que revela la Cábala. Cuanto más transformes tu conciencia, más comprenderás lo que está escrito en el Zohar. Aquellos que lo deseen pueden profundizar en este misterio, pero en este punto podemos afirmar que las letras hebreas son más que simples letras: son secuencias de luz y sirvieron de herramientas al Creador para crear el mundo de la materia. Por lo tanto, también podemos utilizarlas como herramientas para nuestro trabajo espiritual.

## La meditación Ana Bekoaj

Ahora abordemos el uso concreto de una herramienta espiritual que los cabalistas empleaban hace 2 000 años para entrenar su conciencia y alcanzar el nivel del Creador. Equipados con un cuerpo y una conciencia corporal, buscamos satisfacer nuestras necesidades cotidianas: de comida, amor o reconocimiento. Logramos estas satisfacciones, pero por lo general sólo hasta que llega el próximo desafío. Esto es especialmente evidente cuando se trata de alimentos: cada tres o cuatro horas, nuestro cuerpo nos pide que lo alimentemos de nuevo. Los elogios del jefe pueden elevarnos el ánimo durante el día, pero rara vez nos sostienen hasta el fin de semana. Ni siquiera una declaración de amor de nuestra pareja nos garantiza una felicidad duradera. Sin embargo, el objetivo de nuestra existencia es vivir una vida permanentemente satisfecha como creadores. Y para ello, el Creador nos ha proporcionado herramientas, codificadas en la Torah y descifradas en el Zohar. Estas herramientas están diseñadas para resolver problemas a largo plazo, abordando su causa raíz. La causa de todos nuestros problemas radica en nuestra conciencia, que tiene el poder de decidir sobre todo lo que hemos pensado, dicho o hecho. Las herramientas cabalísticas están diseñadas para transformar esa conciencia, paso a paso. La Cábala deja claro que nuestra percepción de la realidad física es una ilusión, pero se nos presenta como la única accesible. Todas las dimensiones espirituales son imperceptibles para nuestros sentidos, pero como tenemos una conexión con estas dimensiones a través de nuestra alma, podemos alcanzarlas. «Sólo» necesitamos establecer contacto. La meditación Ana Bekoaj nos ayuda a hacerlo, actuando como un cable de conexión. Es una meditación de siete líneas que consta de las primeras 42 palabras con las que comienza la Torah. Dado que las letras hebreas fueron utilizadas como herramientas por el Creador, tienen aquí una función crucial. Al «escanear» estas secuencias con los ojos, es decir, observándolas con atención concentrada, pronunciando las palabras en voz alta y dirigiendo nuestra conciencia hacia objetivos espirituales específicos, conectamos con los niveles espirituales del Creador. El Creador formó toda la realidad física con el ADN espiritual que hoy conocemos como letras hebreas. Cada vez que nos conectamos con ciertas secuencias de estas letras, nuestra alma establece contacto con su hogar. Comprende estas señales. Nuestra mente, independientemente de si puede leer las letras hebreas o no, no juega un papel aquí. Estos signos se dirigen a la conciencia de nuestra alma y nos recuerdan nuestra patria y orígenes. Por esta razón, esta meditación también puede ser utilizada por personas que nunca han estudiado la Cábala. La meditación consta de siete líneas que simbolizan siete niveles espirituales diferentes y corresponden a los siete días de la semana. Cada una de las siete líneas consta de seis secuencias, formadas por tres pares de letras. Cada par tiene una dimensión espiritual y otra física. Leemos y pronunciamos las seis secuencias de cada línea por parejas, de derecha a izquierda, de dos en dos palabras, dejando una breve pausa entre ellas. Luego nos concentramos brevemente en las letras iniciales de estas seis palabras en el margen izquierdo, ya que cada secuencia se reduce a estas iniciales, que se combinan en dos pares de tres caracteres cada uno.

| | | |
|---|---|---|
| אבג יתצ | אָנָּא בְּכֹחַ . גְּדוּלַת יְמִינְךָ . תַּתִּיר צְרוּרָה. | HESSED |
| | tzerurah tatir , yeminecha gedulat , bekoach ana | |
| קרע שטן | קַבֵּל רִנַּת. עַמְּךָ שַׂגְּבֵנוּ. טַהֲרֵנוּ נוֹרָא. | GUEVURAH |
| | norah taharenu, sagvenu amechah, rinat kabbel | |
| נגד יכש | נָא גִבּוֹר. דּוֹרְשֵׁי יִחוּדְךָ . כְּבָבַת שָׁמְרֵם. | TIFERET |
| | shamrem kevavat ,yichudecha dorshei ,gibor na | |
| בטר צתג | בָּרְכֵם טַהֲרֵם. רַחֲמֵי צִדְקָתְךָ. תָּמִיד גָּמְלֵם. | NEZTAJ |
| | gomlem tamid, tzidkatecha rachamey, taharem barchem | |
| חקב טנע | חֲסִין קָדוֹשׁ. בְּרוֹב טוּבְךָ. נַהֵל עֲדָתְךָ. | HOD |
| | adatecha nahel, tuvcha berov, kadosh chasin | |
| יגל פזק | יָחִיד גֵּאֶה. לְעַמְּךָ פְּנֵה. זוֹכְרֵי קְדוּשָׁתֶךָ. | YESOD |
| | kedushatecha zochrei, p'neh le'amcha, ge'eh yachid | |
| שקו צית | שַׁוְעָתֵנוּ קַבֵּל. וּשְׁמַע צַעֲקָתֵנוּ. יוֹדֵעַ תַּעֲלוּמוֹת. | MALJUT |
| | Ta'alumot yode'a, tza'akatenu ushma, kabel sha'va'atenu | |
| | בָּרוּךְ שֵׁם כְּבוֹד מַלְכוּתוֹ לְעוֹלָם וָעֶד | |
| | Vaed leolam malchutoh kevod shem baruch | di en voz baja |

(Si deseas escuchar las líneas pronunciadas, las encontrarás en esta página de inicio: www2.kabbalah.com/kabbalah/courses/the_lab/42.htm)

## HESSED
*Ana Bekoaj - Guedulat Yemineja - Tatir Tzerurah* Iniciales: Alef, Beth, Guimel - Iod, Tav, Tzadi

La primera línea nos invita a abrir nuestra conciencia, a volvernos receptivos y a reconectar con nuestro origen: el infinito y el amor incondicional, el hogar de nuestra alma. Al meditar en esta línea, nos conectamos con la unidad y la conciencia divina. Numéricamente, esta línea suma 506, un valor idéntico a la esencia numérica del amor incondicional. Al meditar en ella, activamos nuestra conciencia divina y nos conectamos con ese estado de amor incondicional a través de nuestra alma.

GUEVURAH - *Liberación de la ilusión de limitación*
Kabbel Rinat - Amejah Sagvenu - Taharenu Norah
Iniciales: *Kof, Resh, Ayin - Shin, Tet, Nun*

Ésta es la única secuencia de letras en esta meditación que tiene un significado explícito: «Destruye el poder de Satán». Al escanear esta línea, nos centramos en eliminar nuestro propio sistema reactivo y en obtener control sobre nuestra conciencia. Con la ayuda de esta combinación, liberamos nuestra conciencia de Satán, el adversario o ego, que nos proporciona la ilusión de limitación, enfermedad y muerte. Sin embargo, provenimos de la infinitud del Uno, y todo lo relacionado con la limitación ha sido implantado en nuestro ser por el adversario. Meditando en esta línea, liberamos nuestra conciencia de la ilusión y aprendemos a pensar en términos de infinitud. Aquí podemos cerrar todos los resquicios emocionales para el miedo y la duda. Numéricamente, esta línea da como resultado el número 728, equivalente a la secuencia de palabras: «Olvida tus límites».

TIFERET - *Activación del poder de resistencia*
Na Guibor - Dorshei Yijudeja - Kevavat Shamrem
Iniciales: *Nun, Gumel, Dalet - Iod, Kaf, Shin*

La tercera línea se divide en dos partes. Las tres primeras secuencias nos ayudan a activar nuestra propia resistencia, resistencia a ser reactivos o a sucumbir a acciones y sentimientos incontrolados. Las tres secuencias siguientes nos permiten limpiar nuestra matriz de luz. Todos los pensamientos, palabras y acciones negativas hacen que nuestras células pierdan luz. La negatividad que creamos permanece en nuestro sistema, ya que el agua tiene la capacidad de almacenar información. Cada pensamiento negativo, cada palabra negativa y cada acto negativo se almacenan en el agua de nuestras células, lo que también puede ser causa de enfermedad. Al meditar en esta línea, transformamos la negatividad almacenada en nuestras células en luz. Cuando nos centramos en esta línea, también ayudamos a transformar la negatividad y la muerte en el mundo. Esta secuencia activa el poder de la inmortalidad. Si podemos renovar las secuencias de luz de nuestras células, ya no tendremos que morir. Nuestras células se renuevan completamente cada siete años, por lo que, en un nivel puramente físico, no debería haber razón para enfermar, envejecer o morir.

## NETZAJ - *Continuidad y eternidad*
Barjem Taharem - Rajamei Tzidkateja - Tamid Gomlem
Iniciales: *Bet, Tet, Resh - Tzadik, Tav, Gumel*

Esta secuencia nos ayuda a desarrollar la continuidad y la coherencia necesarias para alcanzar nuestro objetivo final: la conciencia creadora. El camino hacia este objetivo es largo y está lleno de obstáculos, ya que nuestro adversario es astuto e inventivo. Por lo tanto, es crucial estabilizar el poder de la continuidad. Naturalmente, estamos orientados hacia la satisfacción inmediata y tendemos a estancarnos. Con esta línea, fortalecemos el poder de la continuidad y, por ende, la conciencia del infinito. Aquí, entrenamos nuestra conciencia para cambiar de perspectiva ante los obstáculos, reconociendo en ellos una oportunidad para alcanzar el siguiente nivel de crecimiento espiritual. Esta línea es la herramienta para ese cambio de perspectiva, dándonos el poder para enfrentar y superar cualquier desafío. En la vida cotidiana, es fácil perder nuestra conciencia espiritual y caer en patrones cómodos y familiares. Al meditar en esta línea, conectamos con nuestra fuente espiritual y encontramos el poder de la continuidad para alcanzar nuestro objetivo. Netzaj, que significa «conquistar y ganar», nos impulsa en la marcha de la victoria contra nuestro oponente.

HOD - *Fuera de la jaula*
Jasin Kadosh - Berov Tuvja - Nahel Adateja
Iniciales: *Jet, Kof, Bet - Tet, Nun, Ayin*

Esta línea nos ayuda a liberar nuestra conciencia de la ilusión de los cinco sentidos y a abrirnos al vasto panorama de la multidimensionalidad, sacándonos de la jaula de la ilusión. Poco a poco, los velos se levantan y comenzamos a reconocer las causas y efectos no sólo en el plano físico, sino también en el espiritual. Al darnos cuenta hoy de las consecuencias de nuestras acciones pasadas, podemos asumir la responsabilidad de nuestras vidas futuras. Meditar en esta línea nos ayuda a descubrir las conexiones entre las acciones del pasado y los desafíos del presente. En el mundo espiritual, no existen limitaciones de espacio y tiempo. Al trabajar con esta secuencia, con el tiempo, podremos trascender las limitaciones de los cinco sentidos y viajar sin obstáculos por la línea del tiempo, pues pasado y futuro se unifican. Esto también abre la puerta a la capacidad de clarividencia.

YESOD - *Ser un canal*
Yajid Ge'eh - Le'amja P'neh - Zojrei Kedushateja
Iniciales: *Iod, Guimel, Lamed - Pej, Zain, Kof*

Esta línea entrena nuestra conciencia para que podamos sentir el poder espiritual y transmitirlo compartiendo este conocimiento con otras personas. Nos convertimos en un canal para esta energía, y cuantas más personas se embarquen en el camino hacia la conciencia divina creadora, mejor será este mundo para todos.

MALJUT - *Renovación total*
Sha'va'atenu Kabel - Ushma Tza'akatenu - Yode'a Ta'alumot
Iniciales: *Shin, Kof, Vav - Tzadi, Iod, Tav*

La última línea simboliza el nivel de renovación total. Esta renovación implica dirigir nuestra conciencia para enfocarnos menos en el pasado, con sus experiencias dolorosas, y más en reconocer dónde estamos hoy y hacia dónde queremos ir en el futuro. Es un cambio de perspectiva: del pasado al futuro. Renovar significa transformar nuestras células, sentimientos y pensamientos, superando la ilusión del mundo físico al comprender que todo es uno. Esta línea se repasa en voz baja al final de la meditación, enviando nuestras intenciones al universo como si presionáramos un botón para que sean procesadas. Además, podemos utilizar esta línea para liberar la energía acumulada durante la meditación, enviándola a personas que la necesiten, concentrándola como un rayo láser.

## Cuándo y dónde
## El mejor momento para el trabajo espiritual

En las 24 horas de un día, la energía no siempre es igual de favorable para el trabajo espiritual. Los momentos más propicios para una meditación como Ana Bekoaj son al amanecer y al atardecer. Para ello, busca un lugar tranquilo, enciende una vela y siéntate donde no te molesten. Las velas tienen un valor espiritual especial, pues establecen una conexión invisible entre el mundo físico y el metafísico, como lo sugiere la palabra hebrea *Ner* (vela), formada por las iniciales de alma y espíritu (*Nun* y *Resh*). Las velas se encienden en todo el mundo para crear una atmósfera especial y conectar con la dimensión espiritual. Mientras meditas, es crucial que tus pensamientos no estén centrados en las preocupaciones cotidianas, sino en recibir la luz.

El amanecer es el momento más favorable para la meditación, pero si te resulta difícil levantarte temprano en verano, las primeras horas de la mañana también son adecuadas. El objetivo del trabajo espiritual es conectar nuestra limitada conciencia del ego con las siete dimensiones de la realidad, elevando así el control de nuestros pensamientos, sentimientos y deseos a un nivel superior. Ana Bekoaj también es útil cuando enfrentamos una cita especial, un examen o una conversación importante. Durante la meditación en la séptima línea, visualiza de forma concreta la situación que más te convenga, utilizando Ana Bekoaj como una herramienta para dar forma a tu realidad.

Este libro no reemplaza el trabajo con un maestro personal. Al igual que leer un libro de cocina no sacia el hambre, el trabajo espiritual requiere práctica y guía directa.

Podemos adquirir muchos conocimientos leyendo libros, pero el conocimiento por sí solo no basta. También es fundamental ponerlo en práctica. La transformación de la conciencia no se logra simplemente acumulando sabiduría y volviéndose más inteligente; sólo puede tener lugar si aplicamos esos conocimientos de manera constante en nuestra vida diaria. Éste es el verdadero trabajo, y para ello es valioso contar con un maestro que nos guíe y apoye en los momentos difíciles y oscuros. Los centros de Cábala no sólo se dedican a enseñar la sabiduría cabalística, sino que también acompañan a las personas para que vivan conforme a estos principios. Cada participante de un curso en un Centro de Cábala cuenta con un maestro que lo guía a lo largo de su camino.

# VII. El proceso de la creación

La Torah describe cómo Dios creó el Cielo y la Tierra, junto con todas las criaturas, en seis días, y descansó el séptimo día. Los cabalistas explican que cada uno de estos días representa 1 000 años en nuestro calendario. En cada milenio, la humanidad se ha enfrentado a un tema específico. Se asignan 6 000 años para el entrenamiento de la conciencia, y de forma análoga al séptimo día de descanso que Dios instituyó, los últimos 1 000 años permitirán a la humanidad experimentar el paraíso en la Tierra. Según el calendario judío, que se basa en el conocimiento cabalístico, el año 2010 corresponde al año 5770, lo que significa que sólo nos quedan 230 años para completar el proceso de transformación de la conciencia.

No es casualidad que el conocimiento cabalístico, después de haber sido mantenido en secreto durante siglos, ahora esté disponible para todos. El Zohar ha sido impreso y distribuido en millones de ejemplares alrededor del mundo, incluso entre personas que no tienen conexión directa con la Cábala. Este libro sagrado describe con gran detalle las condiciones antes, durante y después de la transformación de la conciencia. En él, se registran las crisis actuales de nuestro tiempo, así como las descripciones de una era en la que la humanidad aprenderá a dominar la muerte.

En la era de la ingeniería genética y la nanotecnología, se reconoce que sólo hay conciencia cuando la materia se reduce a su mínimo denominador. Un átomo es la expresión perfecta de la conciencia creadora: polo positivo, polo negativo y una línea central que los conecta. Pero el motor para controlar la materia es la conciencia.

Es sólo cuestión de tiempo antes de que todas nuestras instituciones –escuelas, universidades, bancos y corporaciones– redirijan su energía, no hacia la producción y el aumento de beneficios, sino hacia la formación y expansión de la conciencia.

## Todos los caminos van a Roma

Todos somos parte del Creador, manifestados en la materia para completar el proceso de creación. El camino hacia esta realización pasa por la conciencia, que implica darnos cuenta de que, en última instancia, todo es uno, aunque nos percibamos como seres separados. Aún no somos capaces de percibir plenamente ese sentimiento de unidad, y mucho menos de vivirlo. Sólo cuando nuestro corazón está absorto en el amor infinito e incondicional nos convertimos en uno, porque en ese estado, nada nos separa. Éste es el nivel del creador.

Una herramienta crucial en la etapa final de nuestro viaje es la certeza. La certeza trasciende la creencia y el conocimiento; es la conexión más profunda y fuerte con el nivel del Creador. Es el poder del alma: la certeza de que cada paso que damos es el correcto. Todo lo que hacemos y experimentamos tiene un propósito, porque todos los caminos conducen a Roma. Al final de la transformación de la conciencia, todos alcanzan su destino. Nadie está excluido ni perdido, porque todos estamos conectados.

Lo opuesto a la certeza es la duda. La duda es una de las armas más poderosas de nuestro adversario, el ego. La duda nos separa de la luz, de Dios. Pero cuando permitimos que la certeza crezca dentro de nosotros, nos conectamos con el Creador.

*Mi vida como psicólogo autónomo y practicante de terapias alternativas en Berlín dio un giro decisivo cuando volé a Israel con mi madre para unas vacaciones de dos semanas. Mi madre enfermó gravemente durante el viaje y tuvo que ser hospitalizada. Su estado empeoraba cada vez más, y no podía dejarla sola. Como su vida estaba en peligro, tuve que quedarme con ella. Las semanas se convirtieron en meses, y quedó claro que nunca podría salir del hospital. Fue una época muy inquietante para mí, ya que Berlín era el centro de mi vida. Allí vivían mis hijos y ejercía mi profesión. Pero me encontraba en una situación en la que no podía dejar Israel y no tenía claro qué me depararía el futuro. Por supuesto, hubo momentos de lucha e incertidumbre sobre qué hacer a continuación. Pero en mi interior, oía la voz de la certeza que me decía que todo saldría bien y que había una razón para todo el sufrimiento.*

*Cuando quedó claro que mi madre no podría regresar a Berlín, aproveché la oportunidad para contactar con el Centro de Cábala de Tel Aviv y formarme allí como profesor. Tras muchas noches sin dormir, me quedó claro que difundir el conocimiento cabalístico era la misión de mi vida. Lo que al principio parecía una catástrofe y un obstáculo insuperable, resultó ser una oportunidad para encontrar mi camino.*

Si afrontamos los acontecimientos de nuestra vida con un sentimiento de certeza, la puerta de la realización ya está un poco abierta. La certeza es un indicador de alegría y plenitud. Cuando nos damos cuenta de que todas las situaciones, por dolorosas que parezcan en ese momento, están destinadas a nuestro bien y nos conducen directamente a nuestro objetivo, dejamos de sufrir. La certeza implica una actitud interior de que todo lo que ocurre está diseñado para llevarnos a nuestro destino lo antes posible.

*Un siervo encontró trabajo con un amo que, reconociendo su fiabilidad y minuciosidad, le expresó su aprecio frente a los demás. Esto provocó celos y resentimientos entre los otros sirvientes.*

*Un día, el amo se fue de viaje, y los demás criados aprovecharon la oportunidad para vengarse, golpeando al favorito de su amo a diario. Cuando el amo regresó, se sorprendió al ver los muchos arañazos y moratones de su criado. Al preguntarle por qué, el siervo explicó que los otros lo habían golpeado cada día. El amo, entonces, ordenó a su tesorero que pagara al siervo un tálero de oro por cada golpe recibido.*

*Así, el siervo se convirtió en un hombre muy rico de la noche a la mañana.*

## El Paraíso

Nuestro objetivo es alcanzar la conciencia del Creador, pero esta meta es difícil de imaginar. Desde que me familiaricé con la Cábala, he intentado una y otra vez visualizar la perspectiva del Creador, pero simplemente no logro hacerlo. Sólo en ciertos momentos siento algo parecido a la plenitud y tengo una vaga idea de cómo podría sentirse la conciencia única. Sin embargo, sé que este estado de conciencia es lo que necesitamos para dominar la realidad.

Estamos en un viaje. Atravesamos praderas de verano llenas de flores y áridos paisajes rocosos, pero al final nos espera el paraíso. El sufrimiento del ser humano radica en sentirse separado de los demás. El séptimo milenio, sin embargo, será el paraíso, porque para entonces la humanidad habrá alcanzado la conciencia de unidad. Las personas experimentarán lo que significa ser un creador, incluso viviendo en un cuerpo y en un mundo de dualidad. La conciencia de unidad es un sentimiento de unión, de amor y cuidado incondicionales. Cuando todas las personas compartan todo entre sí, experimentaremos una riqueza inconmensurable y una abundancia absoluta en todos los aspectos.

Si todos fuéramos por la vida con la conciencia de querer ayudar a los demás y hacerles el bien, ¿cuántas personas estarían ahí para ti? ¿Todavía tendrías que preocuparte por algo? ¿Necesitarías un seguro? ¿La policía? ¿El ejército? ¿Abogados? No. Tampoco estarías desempleado. Podrías simplemente disfrutar de la vida.

El séptimo día, Dios descansó y lo santificó. Según la Cábala, la palabra hebrea *kaddosh* «santo» se refiere a un estado estable y armonioso que surge cuando están presentes los tres pilares ya conocidos: derecha, izquierda y centro. También hay personas que descansan en esta armonía. Rav Berg es una persona así. Su conciencia y carisma son tan fuertes que, en su presencia, se respira una atmósfera sagrada. Las personas que poseen ese carisma están completamente centradas en cambiar su conciencia. No hay nada sobrenatural en ello.

## La llamada del alma

Existe un dicho: «Donde hay voluntad, hay un camino». En hebreo se dice: «donde hay voluntad, no hay nada que pueda interferir». El libre albedrío nos diferencia de otros seres. Con él, podemos lograr grandes cosas, pero también podemos destruirlo todo. Es nuestra decisión.

Cada alma elige un destino para cada encarnación y acepta una tarea correspondiente cuando viene a este mundo. Gracias a su libre albedrío, cada persona tiene la oportunidad de decidir si acepta esta tarea y cuándo. Si alguien es un cantante talentoso y no ha tenido nada que ver con la música durante 40 años, es posible que a los 41 encuentre su destino por casualidad. Durante años, pensé que había encontrado mi camino como psicólogo y practicante de terapias alternativas, pero una experiencia reveladora me hizo darme cuenta de que asumí esta vida para apoyar la difusión del conocimiento cabalístico. Sin embargo, el viaje de mi vida no fue en vano, porque todo lo que he experimentado y aprendido hasta ahora me es útil hoy para cumplir la «misión de mi alma». Nunca es demasiado tarde para escuchar la voz de tu propia alma.

Nuestras almas han estado en este viaje en diferentes cuerpos durante miles de años. Hoy vivimos en una época en la que podemos culminar el viaje y convertirnos en lo que siempre hemos sido: creadores. Estamos a punto de llegar a nuestro destino, donde nos esperan la alegría, la felicidad y la plenitud.

# Bibliografía

Una selección de libros en alemán:

BERG, M.: *El Camino. Sabiduría de la Cábala*, Allegria, Berlín 2006.

BERG, PHILIP S.: *La luz de la Cábala*. La esencia del Zohar, Kreuz Verlag, Friburgo 2006.

BERG, Y.: *El poder de la Cábala. Sobre los secretos del universo y el sentido de nuestras vidas*, Goldmann, Munich 2003.

—: *Los 72 nombres de Dios*. Libro y tarjetas de meditación, Hans-Nietsch-Verlag, Friburgo 2005.


Una selección de libros en inglés:

BERG Y.: *Kabbalah: The Power to Change Everything*.

—: *Kabbalah on Sleep*.

—: *Satan: An Autobiography*.

—: *Kabbalah on the Sabbath*.

—: *Reboot: Defeating Depression with the Power of Kabbalah*.

BERG, Shraga F. : *Nano: Technology of Mind Over Matter*.

—. *I mmortality: The Inevitability of Eternal Life*.


Todos estos títulos están publicados por el Kabbalah Centre.

## Acerca del autor

Yossef Touval creció en Israel. Tras formarse como kinesiólogo en Los Ángeles, estudió psicología clínica en la Universidad Técnica de Berlín. Al mismo tiempo, se formó como practicante no médico y se especializó en homeopatía orientada a procesos en la Escuela Samuel Hahnemann de Berlín. Tras doce años de trabajo práctico como psicólogo, kinesiólogo y homeópata, y diversas actividades como conferenciante en Berlín, siguió la llamada de su alma para implicarse activamente en el Centro de Kabbalah de Tel Aviv y contribuir a la difusión del conocimiento cabalístico.

Contacto:

Correo electrónico:
- 72yossef@gmail.com
- yossef.touval@kabbalah.com

Web:
- www.zohar.com
- www.kabbalah.com

# Índice

**I. ¿De dónde venimos y adónde queremos ir?** . . . . . 7
Una manzana como señal . . . . . . . . . . . . . 9
Las enseñanzas de la Cábala . . . . . . . . . . . 13
La Cábala: Un conocimiento universal . . . . . . . 15
Los Cuatro Niveles de Interpretación de la Tora . . . 15
El Sentido de la Vida . . . . . . . . . . . . . . . 16
La historia de la Creación . . . . . . . . . . . . 18
El Árbol de la Vida . . . . . . . . . . . . . . . . 20
Las Criaturas de Dios . . . . . . . . . . . . . . . 25

**II. Veo lo que tú no ves** . . . . . . . . . . . . . 29
Una galleta no es sólo una galleta . . . . . . . . . 31
El caleidoscopio de la percepción . . . . . . . . . 33
La Percepción y la Realidad . . . . . . . . . . . . 35
Manipulación de la Percepción . . . . . . . . . . . 36
El disco duro del alma . . . . . . . . . . . . . . 37
El animal que llevamos dentro . . . . . . . . . . . 39

**III. Cambio de perspectiva** . . . . . . . . . . . 43
Bueno o malo . . . . . . . . . . . . . . . . . . . 45
El principio de resistencia . . . . . . . . . . . . 47
Alto y adiós . . . . . . . . . . . . . . . . . . . 49
La salida del domingo . . . . . . . . . . . . . . . 50
El varón HB se encuentra con una señal de stop . . . 52
Realización o caos . . . . . . . . . . . . . . . . 54

**IV. Yo, Yo, Yo** . . . . . . . . . . . . . . . . . . 59
Dar es un regalo . . . . . . . . . . . . . . . . . . 61
Un alborotador . . . . . . . . . . . . . . . . . . . 62
Ego - El mal bueno . . . . . . . . . . . . . . . . . 63
El maestro de la ilusión . . . . . . . . . . . . . . 65
El salón poco iluminado . . . . . . . . . . . . . . 68
Las localizaciones del ego . . . . . . . . . . . . . 70
La escena de la ira y la rabia . . . . . . . . . . . 71
Su compromiso . . . . . . . . . . . . . . . . . . . 78
Una pequeña historia sobre el poder del ego . . . . 80

**V. El Zohar: Libro sapiencial de la Cábala** . . . . 83
La génesis del Zohar . . . . . . . . . . . . . . . . 86

**VI. Las herramientas de la creación** . . . . . . . . 97
Meditación Ana Bekoaj . . . . . . . . . . . . . . . 99
Cuándo y dónde. El mejor momento
    para el trabajo espiritual . . . . . . . . . . .107

**VII. El proceso de creación** . . . . . . . . . . . .109
Todos los caminos van a Roma . . . . . . . . . . . .112
El Paraíso . . . . . . . . . . . . . . . . . . . . .114
La llamada del alma . . . . . . . . . . . . . . . . .116

Bibliografía . . . . . . . . . . . . . . . . . . . .117
Acerca del autor . . . . . . . . . . . . . . . . . .119

Basado en el *Árbol de la Vida* y en el alfabeto hebreo, este libro nos hace recorrer, si así lo queremos, un camino hacia la reintegración.

Estos dos fundamentos de la Kabaláh no son la única vía para alcanzar la citada reintegración, pero son el trayecto elegido por la autora. Son múltiples las referencias a ellos que podemos encontrar en diversos tratados especializados, pero por esa misma pluralidad puede hacerse costosa la tarea de su estudio y comprensión. Maricarmen-Rajel nos los acerca escrupulosamente ordenados en función de los textos consultados y de su propia experiencia práctica.

Al utilizar un lenguaje fácil y asequible evita también la posibilidad de perderse en cualquier recodo del itinerario, a la vez que nos insta a caminar en pos de una mejor, cuanto menos, forma de vivir.

Útil herramienta para aquellos buscadores sinceros, de corazón, que sientan la afinidad con la Kabaláh y quieran aprovechar toda la esencia de este fruto que se nos ofrece, ya maduro, para nuestro provecho interior.

En esta detallada guía de prácticas cabalísticas para relacionarte con tu genio natural interior y liberar la luz que habita en tu interior, Catherine Shainberg nos enseña a conectar rápidamente con el subconsciente y recibir respuestas a preguntas urgentes. Este método, llamado «la cábala de la luz», tiene su origen en el rabino Isaac el Ciego (1160-1235), de Posquières, y ha pasado de generación en generación en el seno de una antigua estirpe cabalística, los Sheshet de Girona, durante más de 800 años.

Shainberg, la actual titular de la estirpe, presenta 159 ejercicios y prácticas, basados en la experiencia, para ayudarte a mantener un diálogo con tu subconsciente a través de las imágenes. Las imágenes que emergen durante los ejercicios son inesperadas y reveladoras, y la autora nos indica cómo podemos abrirlas para obtener una mayor comprensión de ellas.